LE BOURRU
BIENFAISANT,
COMÉDIE
EN TROIS ACTES ET EN PROSE,

DE M. GOLDONI;

Dédiée à Madame MARIE ADÉLAÏDE de France.

Repréſentée à la Cour le Mardi 5 Novembre 1771.

Et repréſentée pour la premiere fois par les Comédiens François Ordinaires du Roi , le Lundi 4 Novembre 1771.

Le prix eſt de 30 ſols.

A PARIS,

Chez la Veuve DUCHESNE, Libraire, rue Saint-Jacques, au-deſſous de la Fontaine S.-Benoît, au Temple du Goût.

M. DCC. LXXI.

A MADAME,

MADAME MARIE ADÉLAÏDE

DE FRANCE.

MADAME,

*Aussi-tôt que j'ai vu la France,
je l'ai admirée, je l'ai aimée,
& je n'aurois pu la quitter,
qu'avec le plus grand regret.*

A ij

C'est à MADAME, que je dois le bonheur d'habiter encore le séjour des Muses & des Graces : son goût pour la Langue Italienne m'y a arrêté, ses bontés m'y ont fixé, & c'est pour me mettre en état de l'aider à expliquer les Auteurs Italiens, que j'ai tâché de sçavoir un peu mieux le François. Voici le premier fruit de mon travail & de mes soins.... Oui, j'appelle mon premier Ouvrage celui que j'ai l'honneur de présenter à MADAME; car son succès en France me

Fait oublier tout ceux que j'ai faits en Italie.

Pour comble de bonheur, MADAME m'a permis de le décorer de son auguste nom, & cette faveur préviendroit toute critique, Si l'essai d'un Etranger valoit la peine d'être critiqué par les Maîtres de l'Art.

Je suis avec le plus profond respect, & MADAME,

Le très-humble, très-obéissant
& très-soumis serviteur,
GOLDONI.

ACTEURS.

M. GÉRONTE.	M. Préville.
M. DALANCOUR, neveu de M. Géronte.	M. Molé.
DORVAL, ami de M. Géronte.	M. Bellecour.
VALERE, Amoureux d'Angélique.	M. Monvel.
PICARD, Laquais de M. Géronte.	M. Feulie.
Un Laquais de M. Dalancour.	
Mde DALANCOUR.	Mde. Préville.
ANGÉLIQUE, Sœur de M. Dalancour.	Mlle. Doligny.
MARTON, Gouvernante de M. Géronte.	Mde. Bellecour.

La Scene se passe dans un Sallon chez MM. Géronte & Dalancour. Il y a trois portes, dont l'une introduit dans l'appartement de M. Géronte, l'autre, vis-à-vis, dans celui de M. Dalancour; & la troisième, dans le fond, sert d'entrée & de sortie à tout le monde. Il y aura des chaises, des fauteuils, & une table avec un échiquier.

LE BOURRU

BIENFAISANT,

COMÉDIE.

ACTE PREMIER.

SCENE PREMIERE.

MARTON, ANGÉLIQUE, VALERE.

ANGÉLIQUE.

Laissez-moi, Valere, je vous en prie. Je crains pour moi., je crains pour vous. Ah! si nous étions surpris.....

VALERE.

Ma chere Angélique!....

MARTON.

Partez, Monfieur.

VALERE, *à Marton..*

De grace, un inftant; fi je pouvois m'affurer....

MARTON.

De quoi ?

VALERE.

De fon amour, de fa conftance....

ANGÉLIQUE.

Ah ! Valere, pourriez-vous en douter ?

MARTON.

Allez, allez, Monfieur; elle ne vous aime que trop.

VALERE.

C'eft le bonheur de ma vie....

MARTON.

Partez vîte. Si mon Maître arrivoit....

ANGÉLIQUE, *à Marton,*

Il ne fort jamais fi matin.

MARTON.

Cela eft vrai. Mais dans ce Sallon, (vous le favez bien) il s'y promene, il s'y amufe. Voilà-t-il pas fes échecs ? Il y joue très-fouvent. Oh ! vous ne connoiffez pas M. Géronte.

VALERE.

Pardonnez-moi; c'eft l'oncle d'Angélique, je le fais; mon pere étoit fon ami ; mais je ne lui ai jamais parlé.

MARTON.

C'eſt un homme, Monſieur, comme il n'y en a point ; il eſt foncièrement bon, généreux ; mais il eſt fort bruſque & très-difficile.

ANGÉLIQUE.

Oui ; il me dit qu'il m'aime, & je le crois ; cependant, toutes les fois qu'il me parle, il me fait trembler.

VALERE, *à Angélique.*

Mais qu'avez-vous à craindre ? Vous n'avez ni pere ni mere : votre frere doit diſpoſer de vous : il eſt mon ami ; je lui parlerai.

MARTON.

Eh ! oui, fiez-vous à M. Dalancour!

VALERE, *à Marton.*

Quoi ! pourroit-il me la refuſer ?

MARTON.

Ma foi, je crois que oui.

VALERE.

Comment !

MARTON.

Écoutez en quatre mots. (*A Angélique.*) Mon neveu, le nouveau Clerc du Procureur de M. votre frere , m'a appris ce que je vais vous dire : comme il n'y a que quinze jours qu'il y eſt entré, il ne me l'a dit que ce matin ; mais c'eſt ſous le plus grand ſecret qu'il me l'a confié ; ne me vendez pas, au moins.

VALERE.

Ne craignez rien.

ANGÉLIQUE.

Vous me connoiffez.

MARTON, *adreffant la parole à Valere, à demi-voix, & toujours regardant aux couliffes.*

Monfieur Dalancour eft un homme ruiné, aby-mé ; il a mangé tout fon bien ; & peut-être celui de fa fœur ; il eft perdu de dettes ; Angélique lui pefe fur les bras ; &, pour s'en débarraffer, il voudroit la mettre dans un Couvent.

ANGÉLIQUE.

Dieu ! que me dites-vous là ?

VALERE.

Comment ! eft-il poffible ? Je le connois de-puis long-temps ; Dalancour m'a toujours paru un garçon fage, honnête, vif, emporté même quelquefois ; mais....

MARTON.

Vif! oh! très-vif, prefqu'autant que fon oncle : mais il n'a pas les mêmes fentimens ; il s'en faut de beaucoup.

VALERE.

Tout le monde l'eftimoit, le chériffoit. Son pere étoit très-content de lui.

MARTON.

Eh ! Monfieur, depuis qu'il eft marié, ce n'eft plus le même.

VALERE.

Se pourroit-il que Madame Dalancour ?...

MARTON.

Oui, c'est elle, à ce qu'on dit, qui a caüfé ce beau changement. M. Géronte ne s'est brouillé avec son neveu que par la sotte complaisance qu'il a pour sa femme ; &, ... je n'en sais rien ; mais je parierois que c'est elle qui a imaginé le projet du Couvent.

ANGÉLIQUE, *à Marton.*

Qu'entends-je ? ma belle-sœur, que je croyois si raisonnable, qui me marquoit tant d'amitié ! je ne l'aurois jamais pensé.

VALERE.

C'est le caractere le plus doux....

MARTON.

C'est précifément cela qui a féduit son mari.

VALERE.

Je la connois, & je ne peux pas le croire.

MARTON.

Vous vous moquez, je crois. Est-il de femme plus recherchée dans sa parure ? Y a-t-il des modes qu'elle ne faififfe d'abord ? Y a-t-il des Bals, des Spectacles où elle n'aille pas la premiere ?

VALERE.

Mais son mari est toujours avec elle.

ANGÉLIQUE.

Oui, mon frere ne la quitte pas.

MARTON.

Eh bien ! ils font fous tous deux, & ils se ruinent ensemble.

VALERE.

Cela est inconcevable.

MARTON.

Allons, allons, Monsieur; vous voilà instruit de ce que vous vouliez savoir : sortez vîte, & n'exposez pas Mademoiselle à se perdre dans l'esprit de son oncle, qui est le seul qui puisse lui faire du bien.

VALERE, à *Angélique.*

Tranquilisez-vous, ma chere Angélique ; l'intérêt ne formera jamais un obstacle....

MARTON.

J'entends du bruit : sortez vîte.

VALERE *sort.*

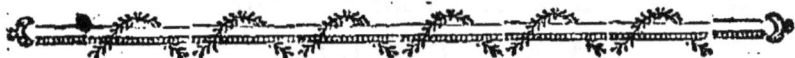

SCENE II.

MARTON, ANGÉLIQUE.

ANGÉLIQUE.

Que je suis malheureuse !

MARTON.

C'est sûrement votre oncle. Ne l'avois-je pas dit ?

ANGÉLIQUE.

Je m'en vais.

COMÉDIE. 7

MARTON.

Au contraire, reſtez ; & ouvrez-lui votre cœur.

ANGÉLIQUE.

Je le crains comme le feu.

MARTON.

Allons, allons, courage. Il eſt fougueux quelquefois ; mais il n'eſt pas méchant.

ANGÉLIQUE.

Vous êtes ſa Gouvernante, vous avez du crédit auprès de lui ; parlez-lui pour moi.

MARTON.

Point du tout ; il faut que vous lui parliez vous-même. Tout au plus, je pourrois le prévenir, & le diſpoſer à vous entendre.

ANGÉLIQUE.

Oui, oui, dites-lui quelque choſe ; je lui parlerai après.

(*Elle veut s'en aller.*)

MARTON.

Ne vous en allez pas.

ANGÉLIQUE.

Non, non, appellez-moi ; je n'irai pas loin.

(*Elle ſort.*)

SCENE III.

MARTON, *seule.*

QU'ELLE eft douce! qu'elle eft aimable! je l'ai vu naître; je l'aime; je la plains, & je voudrois la voir heureufe. (*Appercevant M. Géronte.*) Le voici.

SCENE IV.

M. GÉRONTE, MARTON.

M. GÉRONTE, *adreffant la parole à Marton.*

PICARD!

MARTON.

Monfieur....

M. GÉRONTE.

Que Picard vienne me parler.

MARTON.

Oui, Monfieur. Mais pourroit-on vous dire un mot?

M. GÉRONTE, *fort & avec vivacité.*

Picard, Picard!

MARTON, *fort & en colere.*
Picard , Picard !

SCENE V.

M. GÉRONTE , PICARD, MARTON.

PICARD, *à Marton.*

ME voilà , me voilà.

MARTON, *à Picard , avec humeur.*
Votre maître....

PICARD, *à M. Géronte.*
Monſieur ....

M. GÉRONTE, *à Picard.*
Vas chez mon ami Dorval; dis-lui que je l'attends , pour jouer une partie d'échecs.

PICARD.
Oui , Monſieur ; mais....

M. GÉRONTE.
Quoi ?

PICARD.
J'ai une commiſſion.

M. GÉRONTE.
Quoi donc ?

PICARD.

Monfieur votre neveu.....

M. GÉRONTE, *vivement.*

Vas-t'en chez Dorval.

PICARD.

Il voudroit vous parler....

M. GÉRONTE.

Vas donc, Coquin.

PICARD.

Quel homme !

(*Il fort.*)

SCENE VI.

M. GÉRONTE, MARTON.

M. GÉRONTE, *s'approchant de la table.*

LE fat ! Le miférable ! Non, je ne veux pas le voir ; je ne veux pas qu'il vienne altérer ma tranquilité !

MARTON, *à part.*

Le voilà maintenant dans le chagrin : il n'y manquoit que cela.

M. GÉRONTE, *affis.*

Le coup d'hier ! Oh ! ce coup d'hier ! Comment ai-je pu être mat avec un jeu fi bien difpofé ?

pofé ? Voyons un peu. Je n'ai pas dormi de la nuit.

(Il examine le jeu.)

MARTON.

Monfieur , pourroit-on vous parler ?

M. GÉRONTE.

Non.

MARTON.

Non ? Cependant j'aurois quelque chofe d'in-téreffant.....

M. GÉRONTE.

Eh bien ! Qu'as-tu à me dire ? Dépêche-toi.

MARTON.

Votre niece voudroit vous parler.

M. GÉRONTE.

Je n'ai pas le temps.

MARTON.

Bon !.... C'eft donc quelque chofe de bien férieux que vous faites-là ?

M. GÉRONTE.

Oui , cela eft très-férieux. Je ne m'amufe gue-res ; mais , quand je m'amufe , je n'aime pas qu'on vienne me rompre la tête , entends-tu ?

MARTON.

Cette pauvre fille ....

M. GÉRONTE.

Que lui eft-il arrivé ?

B

MARTON.

On veut la mettre dans un Couvent.

M. GÉRONTE, *se levant.*

Dans un Couvent! Mettre ma niece au Couvent! Difposer de ma niece fans ma participation, fans mon confentement!

MARTON.

Vous favez les dérangemens de M. Dalancour?

M. GÉRONTE.

Je n'entre point dans les défordres de mon neveu, ni dans les folies de fa femme. Il a fon bien; qu'il le mange, qu'il fe ruine, tant pis pour lui; mais, pour ma niece! je fuis le chef de la famille, je fuis le maître, c'eft à moi à lui donner un état.

MARTON.

Tant mieux pour elle, Monfieur; tant mieux. Je fuis enchantée de vous voir prendre feu pour les intérêts de cette chere enfant.

M. GÉRONTE.

Où eft-elle?

MARTON.

Elle eft tout près d'ici, Monfieur; elle attend le moment.....

M. GÉRONTE.

Qu'elle vienne.

MARTON.

Oui, elle le defire très-fort; mais.....

M. GÉRONTE.

Quoi ?

MARTON.

Elle est timide. . . . . .

M. GÉRONTE.

Eh bien ?

MARTON.

Si vous lui parlez. . . .

M. GÉRONTE, *vivement.*

Il faut bien que je lui parle.

MARTON.

Oui ; mais ce ton de voix. . . .

M. GÉRONTE.

Mon ton ne fait de mal à personne. Qu'elle vienne, & qu'elle s'en rapporte à mon cœur & non pas à ma voix.

MARTON.

Cela est vrai, Monsieur ; je vous connois ; je sais que vous êtes bon, humain, charitable ; mais, je vous en prie, ménagez cette pauvre enfant, parlez-lui avec un peu de douceur.

M. GÉRONTE.

Oui, je lui parlerai avec douceur.

MARTON.

Me le promettez-vous ?

M. GÉRONTE.

Je te le promets.

MARTON.

Ne l'oubliez pas.

M. GÉRONTE.

Non.

(*Il commence à s'impatienter.*)
MARTON.

Sur-tout, n'allez pas vous impatienter.

M. GÉRONTE, *vivement.*

Non, te dis-je.

MARTON, *à part, en s'en allant.*

Je tremble pour Angélique,

(*Elle fort.*)

SCENE VII.

M. GÉRONTE, *feul.*

ELLE a raifon. Je me laiffe emporter quelquefois par ma vivacité ; ma petite niece mérite
qu'on la traite avec douceur.

SCENE VIII.

M. GÉRONTE, ANGÉLIQUE.

ANGÉLIQUE *se tient à quelque diftance.*

M. GÉRONTE.

APprochez.

ANGÉLIQUE, *avec timidité, ne faifant qu'un pas.*

Monfieur....

M. GÉRONTE, *un peu vivement.*

Comment voulez-vous que je vous entende, fi vous êtes à une lieue de moi ?

ANGÉLIQUE *s'avance en tremblant.*

Excufez , Monfieur.

M. GÉRONTE, *avec douceur.*

Qu'avez-vous à me dire ?

ANGÉLIQUE.

Marton ne vous a-t-elle pas dit quelque chofe ?

M. GÉRONTE. *Il commence avec tranquilité & s'échauffe peu-à-peu.*

Oui ; elle m'a parlé de vous ; elle m'a parlé de votre frere, de cet infenfé , de cet extrava-gant, qui fe laiffe mener par une femme impru-dente, qui s'eft ruiné, qui s'eft perdu, & qui me manque encore de refpect !

ANGÉLIQUE *veut s'en aller.*

M. GÉRONTE, *vivement.*

Où allez-vous ?

ANGÉLIQUE, *en tremblant.*

Monſieur, vous êtes en colere. . . .

M. GÉRONTE.

Qu'eſt-ce que cela vous fait? Si je me mets en colere contre un ſot, ce n'eſt pas contre vous. Approchez, parlez, & n'ayez pas peur de ma colere.

ANGÉLIQUE.

Mon cher oncle, je ne ſaurois vous parler, ſi je ne vous vois tranquile.

M. GÉRONTE, *à part.*

Quel martyre ! (*A Angélique, en ſe contraignant.*) Me voilà tranquile. Parlez.

ANGÉLIQUE.

Monſieur. . . . Marton vous aura dit . . . .

M. GÉRONTE.

Je ne prends pas garde à ce que m'a dit Marton, c'eſt de vous que je le veux ſavoir.

ANGÉLIQUE, *avec timidité.*

Mon frere . . . .

M. GÉRONTE, *la contrefaiſant.*

Votre frere . . . .

ANGÉLIQUE.

Voudroit me mettre dans un Couvent.

M. GÉRONTE.

Eh bien ? Aimez-vous le Couvent ?

ANGÉLIQUE.

Mais , Monfieur . . . .

M. GÉRONTE, *vivement.*

Parlez donc.

ANGÉLIQUE.

Ce n'eft pas à moi à me décider.

M. GÉRONTE, *encore plus vivement.*

Je ne dis pas que vous vous décidiez : mais je veux favoir quel eft votre penchant.

ANGÉLIQUE.

Monfieur , vous me faites trembler.

M. GÉRONTE, *à part.*

J'enrage. (*En fe contraignant.*) Approchez, je vous comprends ; vous n'aimez donc pas le Couvent ?

ANGÉLIQUE.

Non , Monfieur.

M. GÉRONTE.

Quel eft l'état que vous aimeriez davantage ?

ANGÉLIQUE.

Monfieur . . . .

M. GÉRONTE, *un peu vivement.*

Ne craignez-rien, je fuis tranquile , parlez-moi librement.

ANGÉLIQUE, *à part.*

Ah ! Que n'ai-je le courage ? . . . .

M. GÉRONTE.

Venez ici. Voudriez-vous vous marier?

ANGÉLIQUE.

Monſieur....

M. GÉRONTE, *vivement.*

Oui, ou non?

ANGÉLIQUE.

Si vous vouliez....

M. GÉRONTE, *vivement.*

Oui, ou non?

ANGÉLIQUE.

Mais, oui.

M. GÉRONTE, *encore plus vivement.*

Oui? Vous voulez vous marier, perdre la liberté, la tranquilité? Eh bien! tant pis pour
vous; oui, je vous marierai.

ANGÉLIQUE, *à part.*

Qu'il eſt charmant, avec ſa colere!

M. GÉRONTE, *bruſquement.*

Avez-vous quelque inclination?

ANGÉLIQUE, *à part.*

Si j'oſois lui parler de Valere!

M. GÉRONTE, *vivement.*

Quoi! auriez-vous quelque amant?

ANGÉLIQUE, *à part.*

Ce n'eſt pas le moment; je lui ferai parler par
ſa Gouvernante.

M. GÉRONTE, *toujours avec vivacité.*

Allons; finiffons. La maifon où vous êtes, les perfonnes avec lefquelles vous vivez, vous auroient-elles fourni l'occafion de vous attacher à quelqu'un? Je veux favoir la vérité; oui, je vous ferai du bien : mais à condition que vous le méritiez; entendez-vous?

ANGÉLIQUE, *en tremblant.*

Oui, Monfieur.

M. GÉRONTE, *avec le même ton.*

Parlez - moi nettement, franchement; avez-vous quelque inclination?

ANGÉLIQUE, *en héfitant & tremblant.*

Mais.... non, Monfieur, je n'en ai aucune.

M. GÉRONTE.

Tant mieux. Je penferai à vous trouver un mari.

ANGÉLIQUE, *à part.*

Dieu! je ne voudrois pas.... (*A M. Géronte.*) Monfieur....

M. GÉRONTE.

Quoi?

ANGÉLIQUE.

Vous connoiffez ma timidité....

M. GÉRONTE.

Oui, oui, votre timidité.... Je connois les femmes : vous êtes à préfent une colombe; quand vous ferez mariée, vous deviendrez un dragon.

ANGÉLIQUE.

Hélas! mon oncle, puisque vous êtes si bon...

M. GÉRONTE.

Pas trop.

ANGÉLIQUE.

Permettez-moi de vous dire....

M. GÉRONTE, *en s'approchant de la table.*

Mais Dorval ne vient pas.

ANGÉLIQUE.

Écoutez-moi, mon cher oncle....

M. GÉRONTE, *occupé à son échiquier.*

Laissez-moi.

ANGÉLIQUE.

Un seul mot....

M. GÉRONTE, *fort vivement.*

Tout est dit.

ANGÉLIQUE, *à part, en s'en allant.*

Ciel! me voilà plus malheureuse que jamais que vais-je devenir? Eh! ma chere Marton ne m'abandonnera pas.

(*Elle sort.*)

SCENE IX.

M. GÉRONTE, *seul.*

C'Est une bonne fille; je suis bien-aise de lui faire du bien. Si même elle avoit eu quelque inclination, j'aurois tâché de la contenter; mais elle n'en a point: je verrai.... je chercherai.... Mais que diantre fait ce Dorval, qui ne vient pas? Je meurs d'envie d'essayer une seconde fois ce maudit coup qui m'a fait perdre la partie. C'étoit sûr, je devois gagner. Il falloit que j'eusse perdu la tête. Voyons un peu.... Voilà l'arrangement de mes pieces; voilà celui de Dorval. Je pousse le Roi à la case de sa Tour. Dorval place son Fou à la seconde case de son Roi. Moi... Échec; oui, & je prends le Pion. Dorval.... a-t-il pris mon Fou, Dorval? Oui, il a pris mon Fou, & moi... double Échec avec le Cavalier. Parbleu, Dorval a perdu sa Dame. Il joue son Roi; je prends sa Dame. Ce coquin, avec son Roi, a pris mon C - valier. Mais tant pis pour lui; le voilà dans mes filets; le voilà engagé avec son Roi. Voilà ma Dame; oui, la voilà; Échec & Mat; c'est clair: Échec & Mat, cela est gagné.... Ah! si Dorval venoit, je lui ferois voir. (*Il appelle.*) Picard!

SCENE X.

M. GÉRONTE, M. DALANCOUR.

M. DALANCOUR, *à part, & d'un air très-embarrassé.*

MON oncle est tout seul, s'il vouloit m'écouter.

M. GÉRONTE, *sans voir Dalancour.*

J'arrangerai le jeu comme il étoit. (*Il appelle plus fort :*) Picard!

M. DALANCOUR.

Monsieur....

M. GÉRONTE, *sans se détourner, croyant parler à Picard.*

Eh bien? As-tu trouvé Dorval?

SCENE XI.

M. GÉRONTE, DORVAL, M. DALANCOUR.

DORVAL, *qui entre par la porte du milieu, à M. Géronte.*

ME voilà, mon ami.

M. DALANCOUR, *d'un air réfolu.*

Mon oncle....

M. GÉRONTE, *fe retournant, apperçoit Dalancour, fe leve brufquement, renverfe la chaife, s'en va fans rien dire, & fort par la porte du milieu.*

SCENE XII.

M. DALANCOUR, DORVAL.

DORVAL, *en fouriant.*

QU'EST-CE que cela fignifie ?

M. DALANCOUR, *vivement.*

Cela eft affreux ; c'eft moi à qui il en veut.

DORVAL, *toujours du même ton.*

Je reconnois bien là mon ami Géronte.

M. DALANCOUR.

J'en suis fâché pour vous.

DORVAL.

Vraiment! je suis arrivé dans un mauvais moment.

M. DALANCOUR.

Pardonnez sa vivacité.

DORVAL, *souriant.*

Oh! je le gronderai.

M. DALANCOUR.

Ah! mon cher ami, il n'y a que vous qui puissiez me rendre service auprès de lui.

DORVAL.

Je le voudrois bien de tout mon cœur; mais....

M. DALANCOUR.

Je conviens que, sur les apparences, mon oncle à des reproches à me faire; mais s'il pouvoit lire au fond de mon cœur, il me rendroit toute sa tendresse, & je suis sûr qu'il ne s'en repentiroit pas.

DORVAL.

Oui, je vous connois; je crois qu'on pourroit tout espérer de vous : mais Madame Dalancour....

M. DALANCOUR, *un peu vivement.*

Ma femme, Monsieur? Ah! vous ne la connoissez pas; tout le monde se trompe sur son compte, & mon oncle le premier. Il faut que je lui rende juftice, & que je vous découvre la vérité : elle ne fait rien de tous les malheurs dont je fuis accablé : elle m'a cru plus riche que je n'étois ; je lui ai toujours caché mon état. Je l'aime ; nous nous fommes mariés fort jeunes : je ne lui ai jamais donné le temps de rien demander, de rien defirer ; j'allois toujours au-devant de tout ce qui pouvoit lui faire plaifir ; c'eft de cette maniere que je me fuis ruiné.

DORVAL.

Contenter une femme ; prévenir fes defirs ! La befogne n'eft pas petite.

M. DALANCOUR.

Je fuis fûr que, fi elle avoit fu mon état, elle eût été la premiere à me retenir fur les dépenfes que j'ai faites pour elle.

DORVAL.

Cependant elle ne les a pas empêchées.

M. DALANCOUR.

Non, parce qu'elle ne s'en doutoit pas.

DORVAL, *en riant.*

Mon pauvre ami !...

M. DALANCOUR, *d'un air fâché.*

Quoi ?

DORVAL, *toujours en riant.*

Je vous plains.

M. DALANCOUR, *vivement.*

Vous moqueriez-vous de moi ?

DORVAL, *toujours en souriant.*

Point du tout. Mais.... vous aimez prodigieusement votre femme.

M. DALANCOUR, *encore plus vivement.*

Oui, je l'aime, je l'ai toujours aimée, & je l'aimerai toute ma vie : je la connois; je connois toute l'étendue de son mérite, & je ne souffrirai jamais qu'on lui donne des torts qu'elle n'a pas.

DORVAL, *sérieusement.*

Doucement, mon ami, doucement ; modérez cette vivacité de famille.

M. DALANCOUR, *toujours vivement.*

Je vous demande mille pardons; je serois au désespoir de vous avoir déplu : mais quand il s'agit de ma femme....

DORVAL.

Allons, allons, n'en parlons plus.

M. DALANCOUR.

Mais je voudrois que vous en fussiez convaincu.

DORVAL, *froidement.*

Oui, je le suis.

M. DALANCOUR, *vivement.*

Non, vous ne l'êtes pas.

DORVAL, *un peu plus vivement.*

Pardonnez-moi, vous dis-je.

Allons

M. DALANCOUR.

Allons, je vous crois, j'en suis ravi. Ah! mon cher ami, parlez à mon oncle pour moi.

DORVAL.

Je lui parlerai.

M. DALANCOUR.

Que je vous aurai d'obligations!

DORVAL.

Mais, encore, il faudra bien lui dire quelques raisons. Comment avez-vous fait pour vous ruiner en si peu de temps? Il n'y a que quatre ans que votre pere est mort; il vous a laissé un bien considérable, & on dit que vous avez tout dissipé?

M. DALANCOUR.

Si vous saviez tous les malheurs qui me sont arrivés! J'ai vu que mes affaires alloient se déranger, j'ai voulu y remédier, & le remede a été encore pire que le mal. J'ai écouté des projets; j'ai entrepris des affaires; j'ai engagé mon bien, & j'ai tout perdu.

DORVAL.

Et voilà le mal. Des projets nouveaux! ils en ont ruiné bien d'autres.

M. DALANCOUR.

Et moi sans retour.

DORVAL.

Vous avez très-mal-fait, mon cher ami; d'autant plus que vous avez une sœur.

C

M. DALANCOUR.

Oui, & il faudroit penser à lui donner un état.

DORVAL.

Chaque jour, elle embellit. Madame Dalancour voit beaucoup de monde chez elle; & la jeunesse, mon cher ami.... quelquefois.... vous devez m'entendre.

M. DALANCOUR.

C'est pour cela, qu'en attendant que j'aie trouvé quelque expédient, j'ai formé le projet de la mettre dans un Couvent.

DORVAL.

La mettre au Couvent; cela est bon : mais en avez-vous parlé à votre oncle ?

M. DALANCOUR.

Non ; il ne veut pas m'écouter : mais vous lui parlerez pour moi, vous lui parlerez pour Angélique ; il vous estime, il vous aime, il vous écoute, il a de la confiance en vous, il ne vous refusera pas.

DORVAL.

Je n'en fais rien.

M. DALANCOUR, *vivement.*

Oh ! j'en suis sûr ; voyez-le, je vous en prie, tout-à-l'heure.

DORVAL.

Je le veux bien. Mais où est-il maintenant ?

M. DALANCOUR.

Je vais le savoir. Voyons, holà quelqu'un !

SCENE XIII.

PICARD, M. DALANCOUR, DORVAL.

PICARD, *à M. Dalancour*.

MOnsieur.

M. DALANCOUR, *à Picard*.

Mon oncle est-il sorti ?

PICARD.

Non, Monsieur; il est descendu dans le Jardin.

M. DALANCOUR.

Dans le Jardin ! A l'heure qu'il est ?

PICARD.

Cela est égal, Monsieur : quand il a de l'humeur, il se promene, il va prendre l'air.

DORVAL, *à M. Dalancour*.

Je vais le joindre.

M. DALANCOUR, *à Dorval*.

Non, Monsieur; je connois mon oncle : il faut lui donner le temps de se calmer, il faut l'attendre.

DORVAL.

Mais, s'il alloit sortir; s'il ne remontoit pas ?

C ij

PICARD, *à Dorval.*

Pardonnez-moi, Monfieur, il ne tardera pas à remonter. Je fais comme il eft : un demi-quart d'heure lui fuffit. D'ailleurs, Monfieur, il fera bien - aife de vous trouver ici.

M. DALANCOUR, *vivement.*

Eh bien! mon cher ami, paffez dans fon appartement : faites-moi le plaifir de l'attendre.

DORVAL.

Je le veux bien. Je fens combien votre fituation eft cruelle ; il faut y remédier ; je lui parlerai pour vous : mais, à condition . . . .

M. DALANCOUR, *vivement.*

Je vous donne ma parole d'honneur.

DORVAL.

Cela fuffit.

(*Il entre dans l'appartement de M. Géronte*)

SCENE XIV.

PICARD, M. DALANCOUR.

M. DALANCOUR.

TU n'as pas dit à mon oncle ce que je t'avois chargé de lui dire.

PICARD.

Pardonnez moi, Monsieur, je lui ai dit; mais il m'a renvoyé à son ordinaire.

M. DALANCOUR.

J'en suis fâché. Avertis-moi des bons momens où je pourrai lui parler; un jour je te récompenserai bien.

PICARD.

Je vous suis bien obligé, Monsieur; mais, Dieu merci, je n'ai besoin de rien.

M. DALANCOUR.

Tu es donc riche ?

PICARD.

Je ne suis pas riche; mais j'ai un maître qui ne me laisse manquer de rien. J'ai une femme, j'ai quatre enfans; je devrois être dans l'embarras; mais mon maître est si bon : je les nourris sans peine, & on ne connoît pas chez moi la misère.

(*Il sort.*)
C iij

SCENE XV.

M. DALANCOUR, *feul.*

AH ! le digne homme que mon oncle! Si Dorval gagnoit quelque chofe fur fon efprit ! Si je
pouvois me flatter d'un fecours proporrionné à
mon befoin ! . . . Si je pouvois cacher à ma femme ! . . Ah! pourquoi l'ai-je trompée ? Pourquoi
me fuis-je trompé moi-même ? Mon oncle ne
revient pas. Tous les momens font précieux pour
moi; allons, en attendant, chez mon Procureur...
Que j'y vais avec peine ! Il me flatte, il eft vrai,
que, malgré la fentence, il trouvera le moyen
de gagner du temps ; mais la chicane eft odieu-
fe ; l'efprit fouffre, & l'honneur eft compromis.
Malheur à ceux qui ont befoin de tous ces hon-
teux détours !

(*Il veut s'en aller.*)

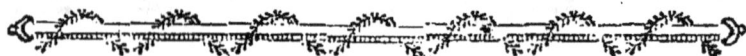

SCENE XVI.

M. DALANCOUR, Madame DALANCOUR.

M. DALANCOUR, *appercevant sa femme.*

VOICI ma femme.

Madame DALANCOUR.

Ah, ah! vous voilà, mon ami? Je vous cherchois par-tout.

M. DALANCOUR.

J'allois fortir.....

Madame DALANCOUR.

Je viens de rencontrer ce Bourru.... il grondoit, il grondoit!

M. DALANCOUR.

Eft-ce de mon oncle que vous parlez?

Madame DALANCOUR.

Oui. J'ai vu un rayon de Soleil, j'ai été me promener dans le jardin, & je l'ai rencontré : il peftoit, il parloit tout feul, & tout haut ; mais tout haut.... Dites-moi une chofe.... n'y a-t-il pas chez lui quelque Domeftique de marié?

M. DALANCOUR.

Oui.   C iv

Madame D A L A N C O U R.

Aſſurément, il faut que cela ſoit : il diſoit du mal du mari & de la femme ; mais du mal !... Je vous en réponds.

M. D A L A N C O U R, *à part.*

Je me doute bien de qui il parloit.

Madame D A L A N C O U R.

C'eſt un homme bien inſupportable.

M. D A L A N C O U R.

Cependant il faudroit avoir quelques égards pour lui.

Madame D A L A N C O U R.

Peut-il ſe plaindre de moi ? Lui ai-je manqué en rien. Je reſpecte ſon âge, ſa qualité d'oncle. Si je me moque de lui quelquefois, c'eſt entre vous & moi ; vous me le pardonnez bien ? Au reſte, j'ai tous les égards poſſibles pour lui ; mais dites-moi ſincèrement, en a-t-il pour vous ? en a-t-il pour moi ? Il nous traite très-durement, il nous hait ſouverainement ; moi, ſur-tout, il me mépriſe on ne peut pas davantage. Faut-il, malgré tout cela, le flatter, aller lui faire notre cour ?

M. DALANCOUR, *avec un air embarraſſé.*

Mais... quand nous lui ferions notre cour... il eſt notre oncle ; d'ailleurs, nous pourrions en avoir beſoin.

Madame D A L A N C O U R.

Beſoin de lui ! Nous ? Comment ? N'avons-nous pas aſſez de bien pour vivre honnêtement ?

Vous êtes rangé. Je fuis raifonnable. Je ne vous demande rien de plus que ce que vous avez fait pour moi jufqu'à préfent. Continuons avec la même modération, & nous n'aurons befoin de perfonne.

M. DALANCOUR, *d'un air paffionné.*

Continuons avec la même modération ! . . .

Madame DALANCOUR.

Mais oui ; je n'ai point de vanité, je ne vous demande pas davantage.

M. DALANCOUR, *à part.*

Malheureux que je fuis !

Madame DALANCOUR.

Mais vous me paroiffez inquiet, rêveur ; vous avez quelque chofe . . . . vous n'êtes pas tranquile.

M. DALANCOUR.

Vous vous trompez, je n'ai rien.

Madame DALANCOUR.

Pardonnez-moi, je vous connois, mon cher ami : fi quelque chofe vous fait de la peine, voudriez-vous me le cacher ?

M. DALANCOUR, *toujours embarraffé.*

C'eft ma fœur qui m'occupe, voilà tout.

Madame DALANCOUR.

Votre fœur ? Pourquoi donc ? C'eft la meilleure enfant du monde, je l'aime de tout mon cœur. Tenez, mon ami, fi vous vouliez m'en croire, vous pourriez vous débarraffer de ce foin, & la rendre heureufe en même temps.

M. DALANCOUR.

Comment ?

Madame DALANCOUR.

Vous voulez la mettre dans un Couvent ; & je fais, de bonne part, qu'elle en feroit très-fâchée.

M. DALANCOUR, un peu fâché.

A fon âge, doit-elle avoir des volontés ?

Madame DALANCOUR.

Non, elle eft affez fage pour fe foumettre à celle de fes parens. Mais pourquoi ne la mariez-vous pas ?

M. DALANCOUR.

Elle eft encore trop jeune.

Madame DALANCOUR.

Bon ! étois-je plus âgée quand nous nous fommes mariés ?

M. DALANCOUR, vivement.

Eh bien ! irai-je de porte en porte lui chercher un mari ?

Madame DALANCOUR.

Écoutez, écoutez-moi, mon cher ami ; ne vous fâchez pas, je vous en prie. Je crois, fi je ne me trompe, m'être apperçue que Valere l'aime, & qu'il en eft aimé.

M. DALANCOUR, à part.

Dieu ! que je fouffre !

Madame DALANCOUR.

Vous le connoiſſez : y auroit-il, pour Angélique, un parti mieux aſſorti que celui-là ?

M. DALANCOUR, *toujours embarraſſé.*

Nous verrons ; nous en parlerons.

Madame DALANCOUR.

Faites-moi ce plaiſir, je vous le demande en
grace ; permettez-moi de me mêler de cette af-
faire ; toute mon ambition feroit d'y réuſſir.

M. DALANCOUR, *très-embarraſſé.*

Madame....

Madame DALANCOUR.

Eh bien ?

M. DALANCOUR.

Cela ne ſe peut pas.

Madame DALANCOUR.

Non ? pourquoi ?

M. DALANCOUR, *toujours embarraſſé.*

Mon oncle y conſentiroit-il ?

Madame DALANCOUR.

A la bonne-heure. Je veux bien qu'on lui rende tout ce qui lui eſt dû ; mais vous êtes le frere.
La dot eſt entre vos mains ; le plus, ou le moins
ne dépend que de vous. Permettez-moi de m'aſ-
furer de leurs inclinations, & que j'arrange, à
peu-près, l'article de l'intérêt....

M. DALANCOUR, *vivement.*

Non ; gardez-vous-en bien, s'il vous plaît.

Madame D A L A N C O U R.

Eſt-ce que vous ne voudriez point marier votre ſœur ?

M. D A L A N C O U R.

Au contraire.

Madame D A L A N C O U R.

Eſt-ce que.....

M. D A L A N C O U R.

Il faut que je ſorte ; nous parlerons de cela à
mon retour.

(*Il veut s'en aller.*)

Madame D A L A N C O U R.

Trouvez-vous mauvais que je m'en mêle ?

M. D A L A N C O U R, *en s'en allant.*

Point du tout.

Madame D A L A N C O U R.

Ecoutez ; ſeroit-ce pour la dot ?

M. D A L A N C O U R.

Je n'en fais rien.

(*Il ſort.*)

SCENE XVII.

Madame DALANCOUR, *seule.*

QU'EST-CE que cela fignifie ? Je n'y entends rien. Se pourroit-il que mon mari.... Non ; il eft trop fage, pour avoir rien à fe reprocher.

SCENE XVIII.

Mme DALANCOUR, ANGÉLIQUE.

ANGÉLIQUE, *fans voir Madame Dalancour.*

SI je pouvois parler à Marton. ...

Madame DALANCOUR.

Ma fœur.

ANGÉLIQUE, *d'un air fâché.*

Madame.

Madame DALANCOUR, *avec amitié.*

Où allez-vous, ma fœur ?

ANGÉLIQUE, *d'un air fâché.*

Je m'en allois, Madame.

Madame DALANCOUR.

Ah, ah! Vous êtes donc fâchée?

ANGÉLIQUE.

Je dois l'être.

Madame DALANCOUR.

Êtes-vous fâchée contre moi?

ANGÉLIQUE.

Mais, Madame....

Madame DALANCOUR.

Ecoutez, mon enfant. Si c'est le projet du Couvent qui vous fâche, ne croyez pas que j'y aie part; au contraire : je vous aime, & je ferai tout ce que je pourrai pour vous rendre heureuse.

ANGÉLIQUE, *à part, en pleurant.*

Qu'elle est fausse!

Madame DALANCOUR.

Qu'avez-vous? Vous pleurez, je crois.

ANGÉLIQUE, *à part.*

Elle m'a bien trompée.

(*Elle s'essuie les yeux.*)

Madame DALANCOUR.

Quel est le sujet de votre chagrin?

ANGÉLIQUE, *avec dépit.*

Hélas! Ce font les dérangemens de mon frere.

Madame DALANCOUR, *avec étonnement.*

Les dérangemens de votre frere?

ANGÉLIQUE.

Oui ; perſonne ne le ſait mieux que vous.

Madame DALANCOUR.

Que dites-vous là ?... Expliquez-vous, s'il vous plaît.

ANGÉLIQUE.

Cela eſt inutile.

SCENE XIX.

M. GÉRONTE, Mme DALANCOUR, ANGÉLIQUE, PICARD.

M. GÉRONTE, *appelle.*

Picard !

SCENE XX.

PICARD, M. GÉRONTE, Madame DALANCOUR, ANGÉLIQUE.

PICARD, *sortant de l'appartement de M. Géronte.*

Monsieur.

M. GÉRONTE, *à Picard, vivement.*

Eh bien, Dorval?

PICARD.

Monsieur, il est dans votre chambre; il vous attend.

M. GÉRONTE.

Il est dans ma chambre; & tu ne me le dis pas!

PICARD.

Monsieur, je n'ai pas eu le temps.

M. GÉRONTE, *appercevant Angélique & Madame Dalancour, parle à Angélique, mais en se tournant de temps en temps vers Madame Dalancour, pour qu'elle en ait sa part.*

Que faites-vous ici? C'est mon sallon. Je ne veux pas de femmes ici; je ne veux pas de votre famille; allez-vous-en.

ANGÉLIQUE.

Mon cher oncle....

M. GÉRONTE.

M. GÉRONTE.

Allez-vous-en, vous dis-je.

ANGÉLIQUE *s'en va mortifiée.*

SCENE XXI.

PICARD, Madame DALANCOUR,
M. GÉRONTE.

Madame DALANCOUR, *à M. Géronte.*

Monsieur, je vous demande pardon.

M. GÉRONTE, *se tournant du côté par où
Angélique est sortie ; mais, de temps en temps,
se tournant vers Madame Dalancour.*

Cela est singulier ! Cette impertinente ! elle
veut venir me gêner. Il y a un autre escalier pour
sortir. Je condamnerai cette porte.

Madame DALANCOUR.

Ne vous fâchez pas, Monsieur. Pour moi, je
vous assure....

M. GÉRONTE, *voudroit aller dans son appartement ; mais il ne voudroit pas passer devant
Madame Dalancour. Il dit à Picard :*

Dorval, dis-tu, est dans ma chambre ?

PICARD.

Oui, Monsieur.

D

Madame DALANCOUR , *s'appercevant de la contrainte de M. Géronte , se recule.*

Paffez , paffez , Monfieur ; je ne vous gêne pas.

M. GÉRONTE , *à Madame Dalancour , en paffant , & la faluant à peine.*

Serviteur. Je condamnerai cette porte.

(*Il entre chez lui.*)

PICARD *fuit fon maître.*

SCENE XXII.

Madame DALANCOUR , *feule.*

QUEL caractère ! mais ce n'eft pas cela qui m'inquiette le plus ; c'eft le trouble de mon mari ; ce font les propos d'Angélique. Je doute ; je crains ; je voudrois connoître la vérité , & je tremble de l'approfondir.

Fin du premier Acte.

ACTE II.

SCENE PREMIERE.

DORVAL, M. GÉRONTE.

M. GÉRONTE.

ALLONS jouer, & ne m'en parlez plus.

DORVAL.

Mais il s'agit d'un neveu.

M. GÉRONTE, *vivement.*

D'un sot, d'un imbécile, qui est l'esclave de
sa femme, & la victime de sa vanité.

DORVAL.

De la douceur, mon cher ami, de la douceur.

M. GÉRONTE.

Et vous, avec votre flegme, vous me feriez
enrager.

DORVAL.

Je parle pour le bien.

D ij

M. GÉRONTE.

Prenez une chaise.

(*Il s'assied.*)

DORVAL, *d'un ton compatissant, pendant qu'il approche de la chaise.*

Le pauvre garçon !

M. GÉRONTE.

Voyons ce coup d'hier.

DORVAL, *toujours du même ton.*

Vous le perdrez.

M. GÉRONTE.

Point du tout ; voyons.

DORVAL.

Vous le perdrez, vous dis-je.

M. GÉRONTE.

Je suis sûr que non.

DORVAL.

Si vous ne le secourez pas, vous le perdrez.

M. GÉRONTE.

Qui ?

DORVAL.

Votre neveu.

M. GÉRONTE, *vivement.*

Eh ! je parle du jeu, moi. Asseyez-vous.

DORVAL, *s'asseyant.*

Oui, je veux bien jouer ; mais écoutez - moi auparavant.

M. GÉRONTE.

Me parlerez-vous encore de Dalancour ?

DORVAL.

Cela se pourroit bien.

M. GÉRONTE.

Je ne vous écoute pas.

DORVAL.

Vous haïssez-donc Dalancour ?

M. GÉRONTE.

Point du tout ; je ne hais personne.

DORVAL.

Mais si vous ne voulez pas....

M. GÉRONTE.

Finissez ; jouez ; jouons, ou je m'en vais.

DORVAL.

Encore un mot, & je finis.

M. GÉRONTE.

Quelle patience !

DORVAL.

Vous avez du bien.

M. GÉRONTE.

Oui, grace au Ciel.

DORVAL.

Plus qu'il ne vous en faut.

M. GÉRONTE.

Oui ; au service de mes amis.

DORVAL.

Et vous ne voulez rien donner à votre neveu ?

M. GÉRONTE.

Pas une obole.

DORVAL.

Par conféquent....

M. GÉRONTE.

Par conféquent ?....

DORVAL.

Vous le haïffez.

M. GÉRONTE, *plus vivement.*

Par conféquent vous ne favez ce quë vous dites. Je hais , je détefte fa façon de penfer, fa
mauvaife conduite : lui donner de l'argent ne fer-
viroit qu'à entretenir fa vanité , fa prodigalité,
fes folies. Qu'il change de fyftême ; je changerai
auffi vis-à-vis de lui. Je veux que le repentir mérite le bienfait , & je ne veux pas que le bienfait
empêche le repentir.

DORVAL, *après un moment de filence , paroît convaincu , & dit fort doucement :*

Jouons, jouons.

M. GÉRONTE.

Jouons.

DORVAL, *en jouant.*

J'en fuis fâché.

M. GÉRONTE, *en jouant.*

Echec au Roi.

DORVAL, *en jouant.*

Et cette pauvre fille?...

M. GÉRONTE.

Qui?

DORVAL.

Angélique.

M. GÉRONTE.

Ah! pour celle-là, c'est autre chose. Parlez-moi de cela.

(*Il laisse le jeu.*)

DORVAL.

Elle doit bien souffrir aussi.

M. GÉRONTE.

J'y ai pensé, j'y ai pourvu; je la marierai.

DORVAL.

Tant mieux. Elle le mérite bien.

M. GÉRONTE.

Voilà, par exemple, une petite personne accomplie, n'est-ce pas?

DORVAL.

Oui.

M. GÉRONTE.

Heureux celui qui l'aura. (*Il rêve un instant, & se leve en appellant.*) Dorval!

DORVAL.

Mon ami.

M. GÉRONTE.

Ecoutez.

D iv

DORVAL, *se levant.*

Eh bien ?

M. GÉRONTE.

Vous êtes mon ami.

DORVAL.

Oh ! sûrement.

M. GÉRONTE.

Si vous la voulez , je vous la donne.

DORVAL.

Quoi ?

M. GÉRONTE.

Oui , ma niece.

DORVAL.

Comment ?

M. GÉRONTE, *vivement.*

Comment ! comment ! êtes-vous sourd ? Ne
m'entendez-vous pas ? Je parle clairement. Oui ,
si vous la voulez , je vous la donne.

DORVAL.

Ah ! ah !

M. GÉRONTE.

Et , si vous l'épousez , outre sa dot , je lui donnerai cent mille livres du mien. Hem ? Qu'en
dites-vous ?

DORVAL.

Mon cher ami, vous me faites honneur.

M. GÉRONTE.

Je vous connois ; je ne ferois que le bonheur
de ma niece.

DORVAL.

Mais.....

M. GÉRONTE.

Quoi ?

DORVAL.

Son frere !...

M. GÉRONTE.

Son frere ! Son frere n'eft rien .... C'eft moi
qui en dois difpofer ; la loi, le teftament de mon
frere.... J'en fuis le maître. Allons, décidez-
vous fur le champ.

DORVAL.

Mon ami, ce que vous me propofez là n'eft
pas une chofe à précipiter ; vous êtes trop vif.

M. GÉRONTE.

Je n'y vois point de difficultés ; fi vous l'aimez, fi vous l'eftimez, fi elle vous convient,
tout eft dit.

DORVAL.

Mais.....

M. GÉRONTE, *fâché*.

Mais, mais ! Voyons votre *mais*.

DORVAL.

Comptez-vous pour rien la difproportion de
feize ans, à quarante-cinq ?

M. GÉRONTE.

Point du tout ; vous êtes encore jeune, & je
connois Angélique ; ce n'eft pas une tête éventée.

DORVAL.

D'ailleurs, elle pourroit avoir quelque inclination.

M. GÉRONTE.

Elle n'en a point.

DORVAL.

En êtes-vous bien fûr ?

M. GÉRONTE.

Très-fûr. Allons, concluons. Je vais chez
mon Notaire ; je fais dreffer le contrat ; elle eft
à vous.

DORVAL.

Doucement, mon ami, doucement.

M. GÉRONTE, *vivement.*

Eh bien! quoi ? voulez-vous encore me fati-
guer, me chagriner, m'ennuyer avec votre len-
teur, votre fang-froid ?

DORVAL.

Vous voudriez donc ?....

M. GÉRONTE.

Oui, vous donner une jolie fille, fage, honnête, vertueufe, avec cent mille écus de dot, &
cent mille livres de préfent de noce ; cela vous
fâche-t-il ?

DORVAL.

C'eft beaucoup plus que je ne mérite.

M. GÉRONTE, *vivement.*

Votre modeftie, dans ce moment ci, me feroit donner au Diable.

DORVAL.

Ne vous fâchez pas. Vous le voulez ?

M. GÉRONTE.

Oui.

DORVAL.

Eh bien ! j'y confens.

M. GÉRONTE, *avec joie.*

Vrai ?

DORVAL.

Mais, à condition....

M. GÉRONTE.

Quoi ?

DORVAL.

Qu'Angélique y confentira.

M. GÉRONTE.

Vous n'avez pas d'autres difficultés ?

DORVAL.

Que celle-là.

M. GÉRONTE.

J'en fuis bien-aife ; je vous en réponds.

DORVAL.

Tant mieux, fi cela fe vérifie.

M. GÉRONTE.

Sûr, très-sûr. Embraffez-moi, mon cher neveu.

DORVAL.

Embraffons-nous donc, mon cher oncle.

SCENE II.

M. DALANCOUR, M. GÉRONTE, DORVAL.

M. DALANCOUR *entre par la porte du fond, il voit fon Oncle, il écoute en paffant. Il fe fauve chez lui ; mais il refte à la porte pour écouter.*

M. GÉRONTE.

C'Est le jour le plus heureux de ma vie.

DORVAL.

Que vous êtes adorable, mon cher ami !

M. GÉRONTE.

Je vais chez mon Notaire ; tout fera prêt pour aujourd'hui. (*Il appelle.*) Picard !

SCENE III.

Les mêmes, PICARD.

M. GÉRONTE, *à Picard.*

MA canne, mon chapeau.

PICARD, *fort.*

SCENE IV.

DORVAL, M. GÉRONTE; M. DALANCOUR, *à sa porte.*

DORVAL.

J'IRAI, en attendant, chez moi.

SCENE V.

Les mêmes, PICARD.

PICARD *donne à son Maître sa canne & son chapeau, & rentre.*

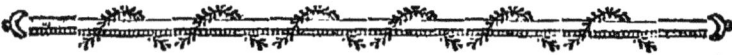

SCENE VI.

DORVAL, M. GÉRONTE, M. DALANCOUR, *à sa porte.*

M. GÉRONTE.

Non, non ; vous n'avez qu'à m'attendre. Je vais revenir ; vous dînerez avec moi.

DORVAL.

J'ai à écrire. Il faut que je faſſe venir mon homme d'affaires qui eſt à une lieue de Paris.

M. GÉRONTE.

Allez dans ma chambre ; écrivez ; envoyez la Lettre par Picard. Oui, Picard ira lui même la porter ; c'eſt un bon garçon, ſage, fidele ; je le gronde quelquefois ; mais je lui veux du bien.

DORVAL.

Allons, j'écrirai là-dedans, puiſque vous le voulez abſolument.

M. GÉRONTE.

Tout eſt dit.

DORVAL.

Oui, comme nous ſommes convenus.

M. GÉRONTE, *en lui prenant la main.*

Parole d'honneur ?

DORVAL, *en donnant la main.*

Parole d'honneur.

M. GÉRONTE, *en s'en allant.*

Mon cher neveu !....

(*Il ſort.*)

M. DALANCOUR, *au dernier mot, marque de la joie.*

SCENE VII.

M. DALANCOUR, DORVAL.

DORVAL, à foi-même.

EN vérité, tout ce qui m'arrive me paroît un fonge. Me marier, moi qui n'y ai jamais penfé !

M. DALANCOUR, avec la plus grande joie.

Ah ! mon cher ami, je ne fais comment vous marquer ma reconnoiffance.

DORVAL.

De quoi ?

M. DALANCOUR.

N'ai-je pas entendu ce qu'a dit mon oncle ? Il m'aime, il me plaint, il va chez fon Notaire ; il vous a donné fa parole d'honneur. Je vois bien ce que vous avez fait pour moi. Je fuis l'homme du monde le plus heureux.

DORVAL.

Ne vous flattez pas tant, mon cher ami. Il n'y a pas le mot de vrai, de tout ce que vous imaginez là.

M. DALANCOUR.

Comment donc ?

DORVAL.

J'efpere bien, avec le temps, pouvoir vous

être utile auprès de lui ; & , déformais , j'aurai même un titre pour m'intéreffer davantage en votre faveur : mais , jufqu'à préfent.....

M. DALANCOUR, *vivement.*

Sur quoi a-t-il donc donné fa parole d'honneur ?

DORVAL.

Je vais vous le dire.... C'eft qu'il m'a fait l'honneur de me propofer votre fœur en mariage....

M. DALANCOUR, *avec joie.*

Ma fœur ! l'acceptez-vous ?

DORVAL.

Si vous en êtes content.

M. DALANCOUR.

J'en fuis ravi ; j'en fuis enchanté. Pour la dot, vous favez mon état actuel.

DORVAL.

Nous parlerons de cela.

M. DALANCOUR.

Mon cher frere , que je vous embraffe de tout mon cœur !

DORVAL.

Je me flatte que votre oncle , dans cette occafion....

M. DALANCOUR.

Voilà un lien qui fera mon bonheur. J'en avois le plus grand befoin. J'ai été chez mon Procureur, je ne l'ai pas trouvé.

SCENE

SCENE VIII.

Madame DALANCOUR, Monſieur DALANCOUR, DORVAL.

M. DALANCOUR, *appercevant ſa femme.*

AH! Madame Dalancour.....

Madame DALANCOUR, *à M. Dalancour.*

Je vous attendois avec impatience. J'ai enten-du votre voix....

M. DALANCOUR.

Ma femme, voilà M. Dorval que je vous pré-ſente, en qualité de mon frere, d'époux d'Angé-lique.

Madame DALANCOUR, *avec joie.*

Oui ?

DORVAL, *à Madame Dalancour.*

Je ſerai bien flatté, Madame, ſi mon bonheur peut mériter votre approbation.

Madame DALANCOUR, *à Dorval.*

Monſieur, j'en ſuis enchantée. Je vous en fé-licite de tout mon cœur. (*A part.*) Qu'eſt-ce qu'on me diſoit donc du dérangement de mon mari ?

M. DALANCOUR, *à Dorval.*

Ma ſœur le ſait-elle ?

E

DORVAL, à M. Dalancour.

Je ne le crois pas.

Madame DALANCOUR, à part.

Ce n'est donc pas Dalancour qui fait ce ma-
riage-là ?

M. DALANCOUR.

Voulez-vous que je la fasse venir ?

DORVAL.

Non ; il faudroit la prévenir : il pourroit y avoir
encore une difficulté.

M. DALANCOUR.

Quelle ?

DORVAL.

Celle de son agrément.

M. DALANCOUR.

Ne craignez rien ; je connois Angélique : d'ailleurs, votre état, votre mérite.... Laissez - moi
faire ; je parlerai à ma sœur.

DORVAL.

Non, cher ami, je vous en prie ; ne gâtons
rien ; laissons faire M. Géronte.

M. DALANCOUR.

A la bonne heure.

Madame DALANCOUR, à part.

Je n'entends rien à tout cela.

DORVAL.

Je passe dans l'appartement de votre oncle,
pour y écrire ; mon ami me l'a permis : il m'a

ordonné même de l'attendre. Sans adieu. Nous nous reverrons tantôt.

(*Il entre dans l'appartement de M. Géronte.*)

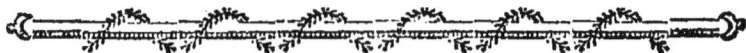

SCENE IX.

Madame DALANCOUR, Monſieur DALANCOUR.

Madame DALANCOUR.

À Ce que je vois, ce n'eſt pas vous qui ma-riez votre ſœur.

M. DALANCOUR, *embarraſſé.*

C'eſt mon oncle.

Madame DALANCOUR.

Votre oncle! Vous en a-t-il parlé? Vous a-t-il demandé votre conſentement?

M. DALANCOUR, *un peu vivement.*

Mon conſentement? N'avez-vous pas vu Dor-val? Ne me l'a-t-il pas dit? Cela ne s'appelle-t-il pas me demander mon conſentement.

Madame DALANCOUR, *un peu vivement.*

Oui, c'eſt une politeſſe de la part de M. Dor-val; mais votre oncle ne vous en a rien dit.

M. DALANCOUR, *embarraſſé.*

C'eſt que....

Madame DALANCOUR.

C'eſt que.... il nous mépriſe complettement.

M. DALANCOUR, *vivement.*

Mais vous prenez tout de travers, cela eſt affreux ; vous êtes inſupportable.

Madame DALANCOUR, *un peu fâchée.*

Moi, inſupportable! Vous me trouvez inſupportable! (*Fort tendrement.*) Ah! mon ami, voilà la premiere fois qu'une telle expreſſion vous échappe. Il faut que vous ayez bien du chagrin, pour vous oublier à ce point.

M. DALANCOUR, *à part, avec tranſport.*

Ah! cela n'eſt que trop vrai! (*A Madame Dálancour.*) Ma chere femme, je vous demande pardon de tout mon cœur. Mais vous connoiſ-ſez mon oncle ; voulez-vous que nous nous brouillions davantage? Voulez-vous que je faſſe tort à ma ſœur? Le parti eſt bon, il n'y a rien à dire ; mon oncle l'a choiſi, tant mieux ; voilà un embarras de moins pour vous & pour moi.

Madame DALANCOUR.

Allons, j'aime bien que vous preniez la choſe en bonne part : je vous en loue & vous admire. Mais permettez-moi une réflexion. Qui eſt-ce qui aura ſoin des apprêts néceſſaires pour une jeune perſonne qui va ſe marier? Eſt-ce votre oncle qui s'en chargera? Seroit-il honnête, ſeroit-il décent?....

M. DALANCOUR.

Vous avez raiſon.... Mais il y a encore du temps ; nous en parlerons.

Madame DALANCOUR.

Écoutez. J'aime Angélique, vous le favez ; cette petite ingrate ne mériteroit pas que je priſſe aucun ſoin d'elle : cependant elle eſt votre ſœur....

M. DALANCOUR.

Comment ! vous appellez ma ſœur une ingrate ! Pourquoi ?

Madame DALANCOUR.

N'en parlons pas , pour le préſent. Je lui demanderai une explication entre elle & moi ; & , enſuite....

M. DALANCOUR.

Non, je veux le ſavoir....

Madame DALANCOUR.

Attendez, mon cher ami....

M. DALANCOUR, *très-vivement.*

Non ; je veux le ſavoir, vous dis-je.

Madame DALANCOUR.

Puiſque vous le voulez, il faut vous contenter.

M. DALANCOUR, *à part.*

Ciel ! je tremble toujours.

Madame DALANCOUR.

Votre ſœur....

M. DALANCOUR.

Eh bien ?

Madame DALANCOUR.

Je la crois trop du parti de votre oncle.

E iij

M. DALANCOUR.

Pourquoi ?

Madame DALANCOUR.

Elle a eu la hardieffe de me dire, à moi-même, que vos affaires étoient dérangées, & que....

M. DALANCOUR.

Mes affaires dérangées !... Le croyez-vous ?

Madame DALANCOUR.

Non ; mais elle m'a parlé de façon à me faire croire qu'elle me foupçonne d'en être la caufe, ou du moins d'y avoir contribué.

M. DALANCOUR, *encore plus vivement.*

Vous ? Elle vous foupçonne, vous ?

Madame DALANCOUR.

Ne vous fâchez pas, mon cher ami. Je vois bien qu'elle n'a pas le fens commun.

M. DALANCOUR, *avec paffion.*

Ma chere femme !

Madame DALANCOUR.

Que cela ne vous affecte pas. Pour moi, tenez, je n'y penfe plus. Tout vient de-là ; votre oncle eft la caufe de tout.

M. DALANCOUR.

Eh ! non : mon oncle n'eft pas méchant.

Madame DALANCOUR.

Il n'eft pas méchant ! Ciel ! y a-t-il rien de pis fur la terre ? Tout-à-l'heure encore, ne m'a-t-il pas fait voir ?... mais je le lui pardonne.

SCENE X.

Madame DALANCOUR, UN LA-
QUAIS, Monsieur DALANCOUR.

LE LAQUAIS, *à M. Dalancour.*

Monsieur, on vient d'apporter cette Lettre pour vous.

M. DALANCOUR, *empressé, prend la Lettre.*

Donne.

LE LAQUAIS, *fort.*

SCENE XI.

Madame DALANCOUR, Monsieur
DALANCOUR.

M. DALANCOUR, *à part, avec agitation.*

Voyons. C'eft de mon Procureur.

(Il ouvre la Lettre.)

Madame DALANCOUR.

Qui eft-ce qui vous écrit?

E iv

M. DALANCOUR, *embarraſſé.*

Un moment.

(*Il ſe retire à l'écart , il lit tout bas , & marque du chagrin.*)

Madame DALANCOUR, *à part.*

Y auroit-il quelque malheur ?

M. DALANCOUR, *après avoir lu.*

Je ſuis perdu.

Madame DALANCOUR, *à part.*

Le cœur me bat.

M. DALANCOUR, *à part , avec la plus grande agitation.*

Ma pauvre femme , que va-t-elle devenir ? Comment lui dire ? Je n'en ai pas le courage.

Madame DALANCOUR, *en pleurant.*

Mon cher Dalancour, dites-moi ce que c'eſt , confiez-le-moi ; ne ſuis-je pas votre meilleure amie ?

M. DALANCOUR.

Tenez , liſez : voilà mon état.

(*Il lui donne la Letttre , & ſort.*)

SCENE XII.

Madame DALANCOUR, *seule.*

JE' tremble. (*Elle lit.*) « Tout est perdu, Mon-
» sieur ; les créanciers n'ont pas voulu signer. La
» Sentence vient d'être confirmée ; elle vous sera
» signifiée. Prenez-y garde, il y a prise de corps ».
Ah ! qu'ai-je lu ? Que viens-je d'apprendre ?
mon mari... endetté... en danger de perdre la
liberté !... mais... comment cela se peut-il ? point
de jeu... point de sociétés dangereuses... point
de faste... pour lui... Seroit-ce pour moi ? Ah ,
Dieux ! quelle lumiere affreuse vient m'éclairer !
Les reproches d'Angélique, cette haîne de M.
Géronte, ce mépris qu'il a toujours marqué pour
moi... Le voile se déchire. Je vois la faute de
mon mari, je vois la mienne. Son trop d'amour
l'a séduit, mon inexpérience m'a aveuglée. Dalancour est coupable & je le suis peut-être autant que
lui... Mais quel remede à cette cruelle situation ?
Son oncle seul... oui, son oncle pourroit y remédier... Mais Dalancour seroit-il en état, dans ce
moment d'abattement & de chagrin ?... Eh ! si j'en
suis la cause... involontaire... pourquoi n'irois-je
pas moi-même ?... Oui, quand je devrois me jetter à ses pieds... Mais, avec ce caractere âpre,
intraitable, puis-je me flatter de le fléchir ?...
Irai-je m'exposer à ses duretés ?... Ah ! qu'importe ? que sont toutes les humiliations, auprès

de l'état affreux de mon mari ? Oui, j'y cours;
cette feule idée doit me donner du courage.
(*Elle veut s'en aller du côté de l'appartement de
M. Géronte.*)

SCENE XIII.

Madame DALANCOUR, MARTON.

MARTON.

QUE faites-vous ici, Madame ? M. Dalancour
s'abandonne au défefpoir.

Madame DALANCOUR.

Ciel ! je vole à fon fecours.

(*Elle fort.*)

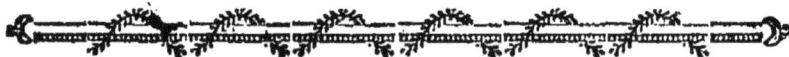

SCENE XIV.

MARTON, *feule.*

QUELS malheurs ! quels défordres ! Si c'eft
elle qui en eft la caufe, elle le mérite bien...
Qui vois-je ?

SCENE XV.

MARTON, VALERE.

MARTON.

Monsieur, que venez-vous faire ici ? Vous avez mal pris votre tems. Toute la maison est dans le chagrin.

VALERE.

Je m'en doutois bien ; je viens de quitter le Procureur de Dalancour, & je viens lui offrir ma bourse & mon crédit.

MARTON.

Cela est bien honnête. Rien n'est plus généreux.

VALERE.

M. Géronte est-il chez lui ?

MARTON.

Non. Le domestique m'a dit qu'il venoit de le voir chez son Notaire.

VALERE.

Chez son Notaire ?

MARTON.

Oui ; il a toujours des affaires. Mais, est-ce que vous voudriez lui parler ?

VALERE.

Oui ; je veux parler à tout le monde. Je vois

avec peine le dérangement de M. Dalancour. Je
suis seul ; j'ai du bien ; j'en puis disposer. J'aime
Angélique ; je viens lui offrir de l'épouser sans
dot, & de partager avec elle mon état & ma
fortune.

MARTON.

Que cela est bien digne de vous ! Rien ne marque plus l'estime , l'amour, la générosité.

VALERE.

Croyez-vous que je puisse me flatter ?...

MARTON, *avec joie.*

Oui ; d'autant plus que Mademoiselle est dans
les bonnes graces de son oncle, & qu'il veut la
marier.

VALERE.

Il veut la marier?

MARTON, *avec joie.*

Oui.

VALERE.

Mais , si c'est lui qui veut la marier , il vou-
dra être le maître de lui proposer le parti.

MARTON, *après un moment de silence.*

Cela se pourroit bien.

VALERE.

Est-ce une consolation pour moi?

MARTON.

Pourquoi pas? (*En se tournant vers la coulisse.*)
Venez, venez, Mademoiselle.

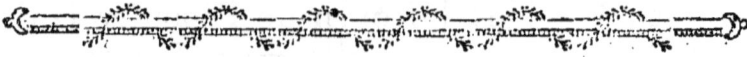

SCENE XVI.

MARTON, ANGÉLIQUE, VALERE.

ANGÉLIQUE.

JE fuis toute effrayée.

VALERE, *à Angélique.*

Qu'avez-vous, Mademoifelle ?

ANGÉLIQUE, *à Valere.*

Mon pauvre frere...

MARTON, *à Angélique.*

Toujours de même ?

ANGÉLIQUE, *à Marton.*

Il eft un peu plus tranquile.

MARTON.

Écoutez, écoutez, Mademoifelle : Monfieur m'a dit des chofes charmantes pour vous & pour votre frere.

ANGÉLIQUE.

Pour lui auffi ?

MARTON.

Si vous faviez le facrifice qu'il fe propofe de faire !

VALERE, *bas à Marton.*

Ne lui dites rien. (*Se tournant vers Angélique.*)
Y a-t-il des facrifices qu'elle ne mérite pas ?.

MARTON.

Mais, il faudra en parler à M. Géronte.

ANGÉLIQUE.

Ma bonne amie, fi vous vouliez vous en charger !

MARTON.

Je le veux bien. Que lui dirai-je ? Voyons, confultons. Mais j'entends quelqu'un. (*Elle court vers l'appartement de M. Géronte & revient.*) C'eft M. Dorval. (*A Valere.*) Ne vous montrez pas encore. Allons dans ma chambre & nous parlerons à notre aife.

VALERE, *à Angélique.*

Si vous voyez votre frere...

MARTON.

Eh ! venez-donc, Monfieur, venez-donc.

(*Elle le pouffe, le fait fortir & elle fort avec lui.*)

SCENE XVII.

DORVAL, ANGÉLIQUE.

ANGÉLIQUE, *à foi-même.*

QUE ferai-je ici avec M. Dorval ? je puis m'en aller.

DORVAL, *à Angélique qui va pour fortir.*

Ah ! Mademoifelle... Mademoifelle !

ANGÉLIQUE.

Monfieur.

DORVAL.

Avez-vous vu M. votre oncle ? ne vous a-t-il rien dit ?

ANGÉLIQUE.

Monfieur, je l'ai vu ce matin.

DORVAL.

Avant qu'il fortît ?

ANGÉLIQUE.

Oui, Monfieur.

DORVAL.

Eft-il rentré ?

ANGÉLIQUE.

Non, Monfieur.

DORVAL, *à part.*

Ah ! bon ; elle ne fait encore rien.

ANGÉLIQUE.

Monfieur, je vous demande pardon. Y a-t-il quelque chofe de nouveau qui me regarde ?

DORVAL.

Il vous aime bien, votre oncle.

ANGÉLIQUE, *avec modeftie.*

Il eft bon.

DORVAL.

Il penfe à vous.... férieufement.

ANGÉLIQUE.

C'eft un bonheur pour moi.

DORVAL.

Il pense à vous marier.

ANGÉLIQUE *ne marque que de la modestie.*

DORVAL.

Hem ? Qu'en dites-vous ?

ANGÉLIQUE *ne marque que de la modestie.*

DORVAL.

Seriez-vous bien-aise de vous marier ?

ANGÉLIQUE, *modestement.*

Je dépends de mon oncle.

DORVAL.

Voulez-vous que je vous dise quelque chose
de plus ?

ANGÉLIQUE, *avec un peu de curiosité.*

Mais... tout comme il vous plaira, Monsieur.

DORVAL.

C'est que le choix en est déja fait.

ANGÉLIQUE, *à part.*

Ah, Ciel ! que je crains !

DORVAL, *à part.*

C'est de la joie, je crois.

ANGÉLIQUE, *en tremblant.*

Monsieur, oserois-je vous demander...

DORVAL.

Quoi, Mademoiselle ?

ANGÉLIQUE, *toujours en tremblant.*

Le connoissez-vous celui qu'on m'a destiné ?

DORVAL.

Oui, je le connois; & vous le connoissez aussi.

ANGÉLIQUE,

ANGÉLIQUE, *avec un peu de joie.*

Je le connois auffi?

DORVAL.

Certainement, vous le connoiffez.

ANGÉLIQUE.

Monfieur, oferois-je....

DORVAL.

Parlez, Mademoifelle.

ANGÉLIQUE.

Vous demander le nom du jeune homme?

DORVAL.

Le nom du jeune homme?

ANGÉLIQUE.

Oui; fi vous le connoiffez.

DORVAL.

Mais.... Si ce n'étoit pas tout-à-fait un jeune homme?

ANGÉLIQUE, *à part avec agitation.*

Ciel!

DORVAL.

Vous êtes fage.... Vous dépendez de votre oncle.....

ANGÉLIQUE, *en tremblant.*

Croyez-vous, Monfieur, que mon oncle veuille me facrifier?

DORVAL.

Qu'appellez-vous facrifier?

E

ANGÉLIQUE, *avec paſſion.*

Mais... ſans l'aveu de mon cœur. Il eſt ſi bon !
Qui pourroit lui avoir donné ce conſeil ? Qui
eſt-ce qui lui auroit propoſé ce parti ?

DORVAL, *un peu piqué.*

Mais.... ce parti.... Si c'étoit moi, Mademoiſelle ?.....

ANGÉLIQUE, *avec de la joie.*

Vous, Monſieur ? Tant mieux.

DORVAL, *avec un air content.*

Tant mieux ?

ANGÉLIQUE.

Oui, je vous connois, vous êtes raiſonnable,
vous êtes ſenſible ; je me confie à vous. Si vous
avez donné cet avis à mon oncle, ſi vous avez
propoſé ce parti, j'eſpere que vous trouverez le
moyen de l'en détourner.

DORVAL, *à part.*

Ah ! ah ! Cela n'eſt pas mal. (*A Angélique.*)
Mademoiſelle.

ANGÉLIQUE, *triſtement.*

Monſieur.

DORVAL.

Auriez-vous le cœur prévenu ?

ANGÉLIQUE, *avec paſſion.*

Ah, Monſieur !

DORVAL.

Je vous entends.

ANGÉLIQUE.

Ayez pitié de moi.

DORVAL, *à part.*

Je l'ai bien dit ; je l'avois bien prévu ; heureusement je n'en suis pas amoureux ; mais je commençois à y prendre un peu de goût.

ANGÉLIQUE.

Monsieur, vous ne me dites rien.

DORVAL.

Mais, Mademoiselle.....

ANGÉLIQUE.

Prendriez-vous quelque intérêt particulier à celui qu'on voudroit me donner ?

DORVAL.

Un peu.

ANGÉLIQUE, *avec passion & fermeté.*

Je le haïrais, je vous en avertis.

DORVAL, *à part.*

La pauvre enfant ! j'aime sa sincérité.

ANGÉLIQUE.

Hélas ! Soyez compatissant, soyez généreux.

DORVAL.

Eh bien ! Mademoiselle.... je le ferai.... je vous le promets.... Je parlerai à votre oncle pour vous ; je ferai mon possible pour que vous soyez satisfaite.

ANGÉLIQUE, *avec joie.*

Ah ! que je vous aime !

F ij

DORVAL, *content.*

La pauvre petite !

ANGÉLIQUE, *avec transport.*

Vous êtes mon bienfaiteur, mon protecteur, mon pere.

(*Elle le prend par la main.*)

DORVAL.

Ma chère enfant !

SCENE XVIII.

DORVAL, M. GÉRONTE, ANGÉLIQUE.

M. GÉRONTE, *avec gaieté, à sa maniere.*

BOn, bon, courage ! J'en suis ravi, mes enfans.

ANGÉLIQUE *se retire toute mortifiée,* & DORVAL *sourit.*

GÉRONTE.

Comment donc ? est-ce que ma présence vous fait peur ? Je ne condamne pas des empressemens légitimes. Tu as bien fait, toi Dorval, de la prévenir. Allons, Mademoiselle, embrassez votre époux.

ANGÉLIQUE, *consternée.*

Qu'entends-je ?

DORVAL, *à part, en souriant.*

Me voilà découvert.

M. GÉRONTE, *à Angélique, avec vivacité.*

Qu'est-ce que cela signifie ? Quelle modestie déplacée ! Quand je n'y suis pas, tu t'approches ; & quand j'arrive, tu t'éloignes ! Avance-toi. (*A Dorval, en colere.*) Allons, vous, approchez donc aussi.

DORVAL, *en riant.*

Doucement, mon ami Géronte.

M. GÉRONTE.

Oui, vous riez, vous sentez votre bonheur ; je veux bien que l'on rie : mais je ne veux pas qu'on me fasse enrager ; entendez-vous, Monsieur le rieur ? Venez ici, & écoutez moi.

DORVAL.

Mais écoutez vous-même.

M. GÉRONTE, *à Angélique.*

Approchez donc.

(*Il veut la prendre par la main.*)

ANGÉLIQUE, *en pleurant.*

Mon oncle . . . .

M. GÉRONTE, *à Angélique.*

Tu pleures, tu fais l'enfant ! Tu te moques de moi, je crois. (*Il la prend par la main, & la force de s'avancer au milieu du Théâtre ; ensuite il se tourne du côté de Dorval, & lui dit avec une espece de gaieté :*) Je la tiens.

F iij

DORVAL.

Laiffez-moi parler au moins.

M. GÉRONTE, *vivement.*

Paix.

ANGÉLIQUE.

Mon cher oncle....

M. GÉRONTE, *vivement.*

Paix. (*Il change de ton & dit tranquilement.*)
J'ai été chèz mon Notaire ; j'ai tout arrangé ;
il a fait la minute devant moi ; il l'apportera
tantôt , & nous fignerons.

DORVAL.

Mais fi vous vouliez m'écouter....

M. GÉRONTE.

Paix. Pour la dot , mon frere a fait la fottife
de la laiffer entre les mains de fon fils : je me
doute bien qu'il y aura quelque malverfation de
fa part ; mais cela ne m'embarraffe pas. Ceux qui
ont fait des affaires avec lui , les auront mal
faites , la dot ne peut pas périr , & , en tout cas,
c'eft moi qui vous en réponds.

ANGÉLIQUE, *à part.*

Je n'en puis plus.

DORVAL, *embarraffé.*

Tout cela eft très-bien ; mais....

M. GÉRONTE.

Quoi ?

DORVAL, *regardant Angélique.*

Mademoifelle auroit quelque chofe à vous
dire là-deffus.

ANGÉLIQUE, *vîte & en tremblant.*

Moi, Monsieur ?.....

M. GÉRONTE.

Je voudrois bien voir qu'elle trouvât quelque chose à redire sur ce que je fais, sur ce que j'ordonne & sur ce que je veux. Ce que je veux, ce que j'ordonne & ce que je fais, je le fais, je le veux & je l'ordonne pour ton bien ; entends-tu ?

DORVAL.

Je parlerai donc moi-même.

M. GÉRONTE.

Et qu'avez vous à me dire ?

DORVAL.

Que j'en suis fâché ; mais que ce mariage ne peut pas se faire.

M. GÉRONTE.

Ventrebleu ! (*Angélique s'éloigne toute effrayée, Dorval recule aussi.*) Vous m'avez donné votre parole d'honneur.

DORVAL.

Oui ; mais à condition.....

M. GÉRONTE, *se retournant vers Angélique.*

Seroit-ce cette impertinente ? Si je pouvois le croire .... Si je pouvois m'en douter....

(*Il la menace.*)

DORVAL, *sérieusement.*

Non, Monsieur ; vous avez tort.

M. GÉRONTE, *se tournant vers Dorval.*

C'est donc vous qui me manquez ?

ANGÉLIQUE, *saisit le moment & se sauve.*

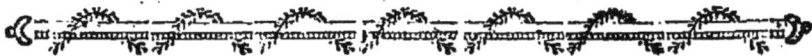

SCENE XIX.

DORVAL, M. GÉRONTE.

Monsieur GÉRONTE, *continue.*

Qu i abusez de mon amitié & de mon attachement pour vous.

DORVAL, *hauffant la voix.*
Mais écoutez les raisons...

M. GÉRONTE.
Point de raisons ; je suis un homme d'honneur, &, si vous l'êtes aussi, allons tout-à-l'heure..
(*En se tournant il appelle :*) Angélique.

DORVAL, *en se sauvant.*
Pefte foit de l'homme ! il me poufferoit à bout !

GÉRONTE.
Où eft-elle ? Angélique ! Holà, quelqu'un !

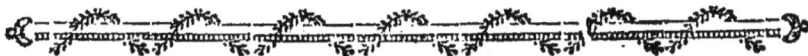

SCENE XX.

M. GÉRONTE, *feul. Il appelle toujours.*

Picard ! Marton ! la Pierre ! Courtois !... Mais je la trouverai. C'eft vous à qui j'en veux. (*Il se tourne & ne voit plus Dorval ; il reste interdit.*) Comment donc ! il me plante là ? (*Il appelle.*) Dorval ! mon ami Dorval ! Ah l'indigne ! ah l'ingrat ! Holà, quelqu'un, Picard !

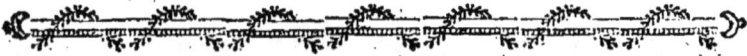

SCENE XXI.

PICARD, M. GÉRONTE.

PICARD.

Monsieur.

M. GÉRONTE.

Coquin ! tu ne réponds pas ?

PICARD.

Pardonnez-moi, Monsieur ; me voilà.

M. GÉRONTE.

Malheureux, je t'ai appellé dix fois.

PICARD.

J'en suis fâché...

M. GÉRONTE.

Dix fois, malheureux !

PICARD, *à part, d'un air fâché.*

Il est bien dur quelquefois.

M. GÉRONTE.

As-tu vu Dorval ?

PICARD, *brusquement.*

Oui, Monsieur.

M. GÉRONTE.

Où est-il ?

PICARD.

Il est parti.

Monsieur GÉRONTE, *vivement.*

Comment est-il parti ?

PICARD, *brusquement.*

Il est parti comme l'on part.

M. GÉRONTE, *très-fâché.*

Ah! pendard! eft-ce ainfi que l'on répond à fon maître?

(*Il le menace & le fait reculer.*)

PICARD, *en reculant d'un air très-fâché.*

Monfieur, renvoyez-moi...

M. GÉRONTE.

Te renvoyer, malheureux!

(*Il le menace, le fait reculer; PICARD, en reculant, tombe entre la chaife & la table; M. GÉRONTE court à fon fecours, & le fait lever.*)

PICARD.

Ahi!

(*Il s'appuie au dos de la chaife, & il marque beaucoup de douleur.*)

M. GÉRONTE, *embarraffé.*

Qu'eft-ce que c'eft donc?

PICARD.

Je fuis bleffé, Monfieur; vous m'avez eftropié.

Monfieur GÉRONTE, *d'un air pénétré, & à part.*

J'en fuis fâché. (*A Picard.*) Peux-tu marcher?

PICARD, *toujours fâché; il effaye & marche mal.*

Je crois qu'oui, Monfieur.

M. GÉRONTE, *brufquement.*

Vas-t-en.

PICARD, *triftement.*

Vous me renvoyez, Monfieur?

M. GÉRONTE, *vivement.*

Point du tout. Vas-t-en chez ta femme; qu'on te foigne. (*Il tire fa bourfe, & veut lui donner de l'argent.*) Tiens, pour te faire panfer.

PICARD, *à part, & attendri.*

Quel maître!

M. GÉRONTE, *en lui offrant de l'argent.*
Tiens donc.

PICARD, *modestement.*
Eh! non, Monsieur : j'espere que cela ne fera rien.

M. GÉRONTE.
Tiens toujours.

PICARD, *en refusant par honnêteté.*
Monsieur...

M. GÉRONTE, *vivement.*
Comment! tu refufes de l'argent ? est-ce par orgueil ? est-ce par dépit ? est-ce par haîne ? crois-tu que je l'aie fait exprès ? Prends cet argent, prends-le, mon ami : ne me fais pas enrager.

PICARD, *prenant l'argent.*
Ne vous fâchez pas, Monsieur; je vous remercie de vos bontés.

M. GÉRONTE.
Vas-t-en tout-à-l'heure.

PICARD.
Oui, Monsieur.

(*Il marche mal.*)

M. GÉRONTE.
Vas doucement.

PICARD.
Oui, Monsieur.

Monsieur GÉRONTE.
Attends, attends; tiens ma canne.

PICARD.
Monsieur.

M. GÉRONTE.
Prends-la, te dis-je; je le veux.

PICARD *prend la canne, & dit en s'en allant.*
Quelle bonté !

(*Il sort.*)

SCENE XXII.

M. GÉRONTE, MARTON.

Monsieur GÉRONTE.

C'EST la premiere fois de ma vie... Peste soit de ma vivacité! (*Se promenant à grands pas.*) C'est Dorval qui m'a impatienté.

MARTON.

Monsieur, voulez-vous dîner?

M. GÉRONTE, *très-vivement.*

Vas-t-en à tous les Diables.

(*Il court & s'enferme dans son appartement.*)

SCENE XXIII.

MARTON, *seule.*

BON! fort bien! Je ne pourrai rien faire aujourd'hui pour Angélique; autant vaut que Valere s'en aille.

Fin du second Acte.

ACTE III.

SCENE PREMIERE.

PICARD, MARTON.

(*Picard entre par la porte du milieu,*
Marton par celle de M. Dalancour.)

MARTON.

Vous voilà donc de retour ?

PICARD, *ayant la canne de son maître.*

Oui, je boîte un peu ; mais cela n'est rien, j'ai
eu plus de peur que de mal : cela ne méritoit
pas l'argent qu'il m'a donné pour me faire pan-
ser.

MARTON.

Allons, allons ; à quelque chose malheur est
bon.

PICARD, *d'un air content.*

Mon pauvre maître ! Ma foi, ce trait-là m'a
touché jusqu'aux larmes ; il m'auroit cassé la
jambe, que je lui aurois pardonné.

MARTON.

Il a un cœur !... C'eſt dommage qu'il ait ce vilain défaut.

PICARD.

Qui eſt-ce qui n'en a pas ?

MARTON.

Allez, allez le voir. Savez-vous bien qu'il n'a pas encore dîné.

PICARD.

Pourquoi donc ?

MARTON.

Eh ! il y a des choſes, mon enfant, des choſes terribles dans cette maiſon.

PICARD.

Je le ſais, j'ai rencontré votre neveu, & il m'a tout conté. C'eſt pour cela que je ſuis revenu tout de ſuite. Le ſait-il, mon maître ?

MARTON.

Je ne le crois pas.

PICARD.

Ah ! qu'il en ſera fâché !

MARTON.

Oui ; & la pauvre Angélique ?

PICARD.

Mais Valere...

MARTON.

Valere ? Valere eſt toujours ici ; il n'a pas voulu s'en aller ; il eſt là ; il encourage le frere ;

il regarde la fœur ; il confole Madame. L'un pleure ; l'autre foupire ; l'autre fe défefpere. C'eſt un cahos, un véritable cahos.

PICARD.

Ne vous étiez-vous pas chargée de parler à Monſieur ?...

MARTON.

Oui, je lui parlerai ; mais à préfent il eſt trop en colere.

PICARD.

Je vais voir, je vais lui reporter fa canne.

MARTON.

Allez ; &, fi vous voyez que l'orage foit un peu calmé, dites-lui quelque chofe de l'état malheureux de fon neveu.

PICARD.

Oui, je lui en parlerai, & je vous en donnerai des nouvellés.

(*Il ouvre tout doucement, il entre dans l'appartement de M. Géronte & il ferme la porte.*)

MARTON.

Oui, mon cher ami. Allez doucement.

SCENE II.

MARTON, *seule.*

C'est un bon garçon que ce Picard, doux, honnête, serviable; c'est le seul qui me plaise dans cette maison. Je ne me lie pas avec tout le monde, moi.

SCENE III.

MARTON, DORVAL.

DORVAL, *parlant bas & souriant.*

Eh bien, Marton ?...

MARTON.

Monsieur, votre très-humble servante.

DORVAL, *en souriant.*

M. Géronte est-il toujours en colere ?

MARTON.

Il n'y auroit rien d'extraordinaire en cela; vous le connoissez mieux que personne.

DORVAL.

Est-il toujours bien indigné contre moi?

MARTON.

MARTON.

Contre vous, Monsieur ? il s'eft fâché contre vous ?

DORVAL, *en riant & parlant toujours.*

Sans doute ; mais cela n'eft rien : je le connois, je parie que, fi je vais le voir, il fera le premier à fe jetter à mon cou.

MARTON.

Cela fe pourroit bien ; il vous aime, il vous eftime ; vous êtes fon ami unique... C'eft fingulier cependant, un homme vif comme lui ! Et vous, fauf votre refpect, vous êtes le mortel le plus flegmatique...

DORVAL.

C'eft cela précifément qui a confervé fi long-tems notre liaifon.

MARTON.

Allez, allez le voir.

DORVAL.

Pas encore : je voudrois auparavant voir Mademoifelle Angélique. Où eft-elle ?

MARTON, *avec paffion.*

Elle eft avec fon frere. Savez-vous tous les malheurs de fon frere ?

DORVAL, *d'un air pénétré.*

Hélas ! oui ; tout le monde en parle.

MARTON.

Et qu'eft-ce qu'on en dit ?

G

DORVAL.

Peux-tu le demander ? Les bons le plaignent, les méchans s'en moquent, & les ingrats l'abandonnent.

MARTON.

Ah, Ciel ! Et cette pauvre Demoiselle ?

DORVAL.

Il faut que je lui parle.

MARTON.

Pourrois-je vous demander de quoi il s'agit ? Je m'intéresse trop à elle, pour ne pas mériter cette complaisance.

DORVAL.

Je viens d'apprendre qu'un certain Valere...

MARTON, *en riant.*

Ah, ah ! Valere ?

DORVAL.

Le connoissez-vous ?

MARTON.

Beaucoup, Monsieur ; c'est mon ouvrage que tout cela.

DORVAL.

Tant mieux ; vous me seconderez.

MARTON.

De tout mon cœur.

DORVAL.

Il faut que j'aille m'assurer si Angélique...

MARTON.

Et, ensuite, si Valere...

DORVAL.

Oui, j'irai le chercher aussi.

MARTON, *en souriant.*

Allez, allez chez M. Dalancour. Vous ferez
d'une pierre, deux coups.

DORVAL.

Comment donc ?

MARTON.

Il est là.

DORVAL.

Valere ?

MARTON.

Oui.

DORVAL.

J'en suis bien aise ; j'y vais de ce pas.

MARTON.

Attendez, attendez ; voulez-vous que je vous
fasse annoncer ?

DORVAL, *en riant.*

Bon ! irai-je me faire annoncer chez mon beau-
frere ?

MARTON.

Votre beau frere ?

DORVAL.

Oui.

MARTON.

Qui donc ?

DORVAL.

Tu ne sais donc rien ?

MARTON.

Non.

DORVAL.

Eh bien ! tu le sauras une autre fois.

(*Il entre chez M. Dalancour.*)

G ij

SCENE IV.

MARTON, *seule.*

IL eſt fou...

SCENE V.

GÉRONTE, MARTON.

M. GÉRONTE, *parlant toujours vers la porte de ſon appartement.*

RESTE-LA; je ferai porter la lettre par un autre. Reſte-là... je le veux... (*Il ſe retourne.*) Marton!

MARTON.

Monſieur.

Monſieur GÉRONTE.

Vas chercher un domeſtique, & qu'il aille tout-à-l'heure porter cette lettre à Dorval. (*Se tournant vers la porte de ſon appartement.*) L'imbécile! il boîte encore, & il voudroit ſortir! (*A Marton.*) Vas donc.

MARTON.

Mais, Monſieur...

M. GÉRONTE.

Dépêche-toi...

MARTON.

Mais Dorval...

M. GÉRONTE, *vivement.*

Oui, chez Dorval.

MARTON.

Il eſt ici.

M. GÉRONTE.

Qui ?

MARTON.

Dorval.

M. GÉRONTE.

Où ?

MARTON.

Ici.

M. GÉRONTE.

Dorval eſt ici ?

MARTON.

Oui, Monſieur.

M. GÉRONTE.

Où eſt-il ?

MARTON.

Chez M. Dalancour.

M. GÉRONTE, *d'un air fâché.*

Chez Dalancour ! Dorval chez Dalancour !
Je vois à préſent ce que c'eſt ; je comprends tout.
(*A Marton.*) Vas chercher Dorval ; dis-lui, de
ma part .... Non, je ne veux pas qu'on aille dans
ce maudit appartement. Si tu y mets les pieds,
je te renvoie ſur le champ. Appelle les gens de
ce miſérable... Point du tout, qu'ils ne viennent
pas... Vas-y toi, oui, oui ; qu'il vienne tout de
ſuite. Eh bien ?

MARTON.

Irai-je ? ou n'irai-je pas ?

M. GÉRONTE.

Vas-y ; ne m'impatiente pas davantage.

MARTON *entre chez M. Dalancour.*

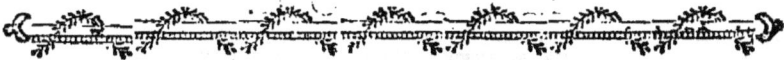

SCENE VI.

GÉRONTE, *feul.*

OUI, c'eft cela. Dorval a pénétré dans quel abyme affreux ce malheureux eft tombé ; oui, il l'a fu avant moi ; & je n'en aurois rien fu encore, fi Picard ne me l'eût pas dit. C'eft cela même ; Dorval craint l'alliance d'un homme perdu ; il eft là, il l'examine peut-être, pour s'en affurer davantage. Mais pourquoi ne me l'a-t-il pas dit ? Je l'aurois perfuadé, je l'aurois convaincu... Pourquoi n'a-t-il pas parlé ? Dira-t-il que ma vivacité ne lui a pas donné le tems ? Point du tout ; il n'avoit qu'à attendre ; il n'avoit qu'à refter, ma fougue fe feroit calmée & il auroit parlé. Neveu indigne ! traître ! perfide ! tu as facrifié ton bien, ton honneur ; je t'ai aimé, fcélérat ! je ne t'ai aimé que trop ; je t'effacerai tout-à-fait de mon cœur & de ma mémoire... Sors d'ici, vas fervir ailleurs... Mais où iroit-il ? N'importe, je n'y penfe plus ; c'eft fa fœur qui m'intéreffe, c'eft elle feule qui mérite ma tendreffe, mes foins..... Dorval eft mon ami, Dorval l'époufera ; je lui donnerai la dot, je lui donnerai tout mon bien, tout. Je laifferai fouffrir le coupable ; mais je n'abandonnerai jamais l'innocente.

SCENE VII.

M. DALANCOUR, M. GÉRONTE.

M. DALANCOUR, *avec un air effrayé, se jette aux pieds de M. Géronte.*

AH, mon oncle! écoutez-moi de grace.

M. GÉRONTE *se retourne, voit Dalancour & recule un peu.*

Qu'est-ce que tu veux? leve-toi.

M. DALANCOUR, *dans la même posture.*

Mon cher oncle! voyez le plus malheureux des hommes; de grace, écoutez-moi.

M. GÉRONTE, *un peu touché, mais toujours avec colere.*

Leve-toi, te dis-je.

M. DALANCOUR, *à genoux.*

Vous dont le cœur est si généreux, si sensible, m'abandonnerez-vous pour une faute qui n'est que celle de l'amour, & d'un amour honnête & vertueux. J'ai eu tort, sans doute, de m'écarter de vos conseils, de négliger votre tendresse paternelle : mais, mon cher oncle, au nom du sang qui m'a donné la vie, de ce sang qui vous est commun avec moi, laissez-vous toucher, laissez-vous fléchir.

M. GÉRONTE, *peu-à-peu s'attendrit, & s'essuie les yeux en se cachant de Dalancour & dit à part :*

Quoi! tu oses encore!...

M. DALANCOUR.

Ce n'eſt pas la perte de mon état qui me déſole : un ſentiment plus digne de vous m'anime, c'eſt l'honneur. Souffrirez-vous que votre neveu ait à rougir ? Je ne vous demande rien pour nous. Que je m'acquitte noblement ; & je réponds, pour ma femme & pour moi, que l'indigence n'effraiera pas nos cœurs, quand, au ſein de l'infortune, nous aurons pour conſolation une probité ſans tache, notre amour, votre tendreſſe & votre eſtime.

M. GÉRONTE.

Malheureux !... tu mériterois... Mais je ſuis un imbécile ; cette eſpece de fanatiſme du ſang me parle en faveur d'un ingrat ! Leve-toi, traître ! je paierai tes dettes ; &, par-là, je te mettrai peut-être en état d'en faire d'autres.

M. DALANCOUR, *d'un air pénétré.*

Eh ! non, mon oncle ; je vous réponds... vous verrez par ma conduite....

M. GÉRONTE.

Quelle conduite, miſérable écervelé ! celle d'un mari infatué, qui ſe laiſſe mener par ſa femme, par une femme vaine, préſomptueuſe, coquette...

M. DALANCOUR, *vivement.*

Non, je vous jure : ce n'eſt point la faute de ma femme ; vous ne la connoiſſez pas...

M. GÉRONTE, *encore plus vivement.*

Tu la défends ! tu ments devant moi ! Prends garde : il s'en faut peu qu'à cauſe de ta femme, je ne révoque la promeſſe que tu m'as arrachée... Oui, oui, je la révoquerai ; tu n'auras rien de moi. Ta femme, ta femme ! je ne peux pas la ſouffrir, je ne veux pas la voir.

M. DALANCOUR.

Ah ! mon oncle, vous me déchirez le cœur !

SCENE VIII.

M. DALANCOUR, M. GÉRONTE, Madame DALANCOUR.

Madame DALANCOUR.

HELAS ! Monfieur, fi vous me croyez la caufe des dérangemens de votre neveu, il eft jufte que j'en porte feule la peine. L'ignorance dans laquelle j'ai vécu jufqu'à préfent, n'eft pas une excufe fuffifante à vos yeux. Jeune, fans expérience, je me fuis laiffé conduire par un mari que j'aimois ; le monde m'a entraînée, l'exemple m'a féduite ; j'étois contente, & je me croyois heureufe : mais je parois coupable ; cela fuffit ; &, pourvu que mon mari foit digne de vos bienfaits, je foufcris à votre fatal arrêt ; je m'arracherai de fes bras. Je ne vous demande qu'une grace : modérez votre haîne pour moi ; excufez mon fexe, mon âge ; excufez la foibleffe d'un mari qui, par trop d'amour....

M. GÉRONTE.

Eh ! Madame, croyez-vous m'abufer ?

Madame DALANCOUR.

O Ciel ! Il n'eft donc plus de reffource ! Ah ! mon cher Dalancour, je t'ai donc perdu.... Je me meurs.

(Elle tombe fur un fauteuil.)

M. DALANCOUR *court à son secours.*
M. GÉRONTE, *inquiet, ému, touché.*
Holà, quelqu'un, Marton !

SCENE IX.

M. GÉRONTE, MARTON, M. DALANCOUR, Mde DALANCOUR.

MARTON.

Monsieur, Monsieur, me voilà.
M. GÉRONTE, *vivement.*
Voyez... là.... allons ; allez, voyez, portez-lui du secours.

MARTON.

Madame, Madame, qu'est-ce que c'est donc ?
M. GÉRONTE, *donnant un flacon à Marton.*
Tenez, tenez ; voici de l'eau de Cologne.
(*A M. Dalancour.*) Eh bien !

M. DALANCOUR.

Ah ! mon oncle !....
M. GÉRONTE : *s'approche de Madame Dalancour, & lui dit brusquement :*
Comment vous trouvez-vous ?
Madame DALANCOUR, *se levant tout doucement, & avec une voix languissante.*
Monsieur, vous êtes trop bon de vous intéresser pour moi. Ne prenez pas garde à ma foiblesse, c'est le cœur qui parle ; je recouvrerai mes forces, je partirai, je soutiendrai mon malheur.

M. GÉRONTE *s'attendrit : mais il ne dit mot.*

M. DALANCOUR, *tristement.*

Ah! mon oncle, souffrirez-vous....

M. GÉRONTE, *à M. Dalancour, vivement.*

Tais-toi. (*A Madame Dalancour, brusquement.*)
Restez à la maison avec votre mari.

Madame DALANCOUR.

Ah, Monsieur!

M. DALANCOUR, *avec transport.*

Ah, mon cher oncle!

M. GÉRONTE, *sérieux, mais sans emportement, & les prenant l'un & l'autre par la main.*

Écoutez. Mes épargnes n'étoient pas pour moi;
vous les auriez trouvées un jour; vous les man-
gez aujourd'hui, la source en est tarie; prenez-y
garde : si la reconnoissance ne vous touche pas,
que l'honneur vous y engage.

Madame DALANCOUR.

Votre bonté....

M. DALANCOUR.

Votre générosité....

M. GÉRONTE.

Cela suffit.

MARTON.

Monsieur....

M. GÉRONTE, *à Marton.*

Tais-toi, bavarde.

MARTON.

Monsieur, vous êtes en train de faire du bien;

ne ferez-vous pas auſſi quelque choſe pour Mademoiſelle Angélique ?

M. GÉRONTE, *vivement.*

A propos, où eſt-elle ?

MARTON.

Elle n'eſt pas loin.

M. GÉRONTE.

Son prétendu y eſt-il ?

MARTON.

Son prétendu ?

M. GÉRONTE.

Oui ; eſt-ce qu'il eſt courroucé ? Eſt-ce qu'il ne veut plus me voir ? Seroit-il parti ?

MARTON.

Monſieur, ... ſon prétendu.... y eſt.

M. GÉRONTE.

Qu'ils viennent ici.

MARTON.

Angélique & ſon prétendu ?

M. GÉRONTE, *vivement.*

Oui, Angélique & ſon prétendu.

MARTON.

Tant mieux. Tout-à-l'heure, Monſieur. (*En s'approchant de la couliſſe.*) Venez, venez, mes enfans ; n'ayez pas peur.

SCENE X.

M. DALANCOUR, VALERE, DORVAL, M. GÉRONTE, ANGÉLIQUE, Madame DALANCOUR, MARTON.

M. GÉRONTE, *voyant Valere & Dorval.*

QU'est-ce que cela ? Que veut-il, cet autre ?

MARTON.

Monſieur, c'eſt qu'il y a le prétendu & le témoin.

M. GÉRONTE, *à Angélique.*
Approchez.

ANGÉLIQUE *s'approche en tremblant, & adreſſe la parole à Madame Dalancour.*
Ah ! ma ſœur, que j'ai de pardons à vous demander !

MARTON, *à Madame Dalancour.*
Et moi auſſi, Madame.....

M. GÉRONTE, *à Dorval.*
Venez ici, Monſieur le prétendu. Eh ! bien, êtes-vous encore fâché ? Ne viendrez-vous pas ?

DORVAL.
Eſt-ce moi ?

M. GÉRONTE.
Vous-même.

DORVAL.
Pardonnez-moi ; je ne ſuis que le témoin.

M. GÉRONTE.

Le témoin !

DORVAL.

Oui, voilà le myſtère. Si vous m'aviez laiſſé parler....

M. GÉRONTE.

Du myſtère ! (*A Angélique.*) Il y a du myſtère ?

DORVAL, *d'un ton ſérieux & ferme.*

Écoutez-moi, mon ami. Vous connoiſſez Valere ; il a ſu les déſaſtres de cette maiſon ; il eſt venu offrir ſon bien à M. Dalancour, & ſa main à Angélique. Il l'aime, il eſt prêt à l'épouſer ſans dot, & à lui aſſurer un douaire de douze mille livres de rente. Je vous connois, je ſais que vous aimez les belles actions ; je l'ai retenu, & je me ſuis chargé de vous le préſenter.

M. GÉRONTE, *fort en colere, & à Angélique.*

Tu n'avois pas d'inclination ? Tu m'as trompé. Non, je ne le veux pas ; c'eſt une ſupercherie de part & d'autre, je ne le ſouffrirai pas.

ANGÉLIQUE, *en pleurant.*

Mon cher oncle....

VALERE, *d'un air paſſionné & ſuppliant.*

Monſieur.....

M. DALANCOUR.

Vous êtes ſi bon !....

Madame DALANCOUR.

Vous êtes ſi généreux !....

MARTON.

Mon cher Maître !....

M GÉRONTE, *à part, & touché.*

Maudit ſoit mon chien de caractère ! Je ne

puis pas garder ma colere comme je le voudrois.
Je me souffletterois volontiers.

TOUS *à la fois répetent leurs prieres & l'entourent.*

M. GÉRONTE.

Taisez-vous, laissez-moi ; que le Diable vous
emporte ; & qu'il l'épouse.

MARTON, *fort.*

Qu'il l'épouse, sans dot ?

M. GÉRONTE, *à Marton vivement.*

Comment sans dot ! Est-ce que je marierai ma
niece sans dot ? Est-ce que je n'aurois pas le moyen
de lui donner une dot ? Je connois Valere ; l'action
généreuse qu'il vient de se proposer mérite même une récompense. Oui, il aura la dot, & les
cent mille livres que je lui ai promises.

VALERE.

Que de graces !

ANGÉLIQUE.

Que de bontés !

Madame DALANCOUR.

Quel cœur !

M. DALANCOUR.

Quel exemple !

MARTON.

Vive mon maître !

DORVAL.

Vive mon bon ami !

TOUS *à la fois l'entourent, l'accablent de caref-*
ses & répètent ses éloges.

M. GÉRONTE *tâche de se débarrasser & crie*
fort.

Paix, paix, paix. (*Il appelle.*) Picard !

SCENE XI ET DERNIERE.

Les mêmes, PICARD.

PICARD.

MONSIEUR.

M. GÉRONTE.

L'on foupera chez moi ; tout le monde eft prié. Dorval , en attendant, nous jouerons aux échecs.

Fin du troifieme & dernier Acte.

APPROBATION.

J'Ai lu , par ordre de Monfeigneur le Chancelier, le *Bourru Bienfaifant* , Comédie en trois Actes ; & je crois qu'on peut en permettre l'impreffion. A Paris, ce 3 Novembre 1771.

MARIN.

De l'Imprimerie de la Veuve SIMON & FILS , Imprimeur-Libraires de LL. AA. SS. Meffeigneurs le Prince de CONDÉ & le Duc de BOURBON, rue des Mathurins, 1771.

www.ingramcontent.com/pod-product-compliance
Lightning Source LLC
Chambersburg PA
CBHW060620100426

42744CB00008B/1445